小倉藩の逆襲

豊前国歴史奇譚

小野剛史

花乱社

装画　原賀いずみ
装丁　前原正広

はじめに　世界一かんたんな豊前国の歴史

「お国はどちらですか?」

少し前まで、出身地を訊《たず》ねるときに、そんな聞き方をしている人がいました。知りたいのは出身の都道府県だったとしても、自然に「お国」という言葉が出たものです。

「国」というのは、大宝元年（七〇一）の大宝律令で制定されました。このため、律令国、または令制国と呼ばれています。当初は五十八国、十世紀には六十八国ありました。

廃藩置県が行われてから約百五十年ですが、それ以前は、千二百年近く律令国が続いていたのです。歴史を繙《ひもと》くとき、「国」という存在が大変重要になってきます。

本書は、戦国時代から幕末までの小倉藩の物語です。藩の物語は豊前《ぶぜん》という国の物語と寄り添います。

ところが、この豊前国というのが、どうにも影が薄いのです。理由は、その複雑さにあります。例えば、肥後《ひご》国はほぼ熊本県であり、土佐《とさ》国はほぼ高知県であるのに対し、豊前国は福岡県と大分県に分かれているのです。福岡県の中心は筑前《ちくぜん》国で、大分県の中心は豊後《ぶんご》国ですから、豊前国はどっちつかずの存在です。

などと愚痴っていても仕方ありませんので、これから、豊前国の歴史の話をします。そんなことは知っているという方は、ここは飛ばして本編に入ってくださいね。


律令国の行政機関、今の県庁に当たるのが国衙《こくが》であり、国衙の所在地が国府《こくふ》です。また、県知事に当たる役人が国司《こくし》であり、中央から派遣されてきました。

豊前国の国府は当時の仲津郡、現在の京都郡みやこ町にありました。

大宝律令では、国の下に郡を設定しています。国郡制《こくぐん》と呼ばれています。

豊前国は次の八郡からなっています。

企救《きく》郡　北九州市門司区・小倉北区・小倉南区
田川《たがわ》郡　田川市・田川郡及び嘉麻市の一部
京都《みやこ》郡　京都郡苅田町及び行橋市・京都郡みやこ町の一部
仲津《なかつ》郡　行橋市・京都郡みやこ町の一部
築城《ついき》郡　築上郡築上町及び豊前市の一部
上毛《こうげ》郡　築上郡吉富町・上毛町及び豊前市の一部

下毛《しもげ》郡　中津市
宇佐《うさ》郡　宇佐市及び豊後高田市の一部
＊企救郡は規矩郡、田川郡は田河郡と表記されることもありますが、本書では企救郡、田川郡に統一します。

明治になって京都郡と仲津郡が合併して、現在の京都郡になっています。同様に、築城郡と上毛郡が合併して築上《ちくじょう》郡になりました。築城の「築」と上毛の「上」を取った郡名ですね。企救郡は全域が北九州市になっていますので、現在では消滅しています。

国の在り方が大きく変わったのが鎌倉時代です。
源頼朝が鎌倉に幕府を開き、武士政権が誕生します。頼朝は各国に国司とは別に守護職《しき》を設置し、自らの有力な御家人を送り込みました。例えば、相模《さがみ》国（神奈川県）大友郷の大友能《よし》直《なお》が豊後国守護となり、子孫が代々継承しました。筑前国守護となったのは武蔵《むさし》国（東京都・埼玉県・神奈川県）出身の武藤資頼《むとうすけより》で、大宰府を守護所として大宰小弐《しょうに》という役職に任じられたため、小弐氏を名乗り、守護を引き継いでいきました。また、現在の山口県である周《す》防《おう》国と長門《ながと》国では、周防国衙の地方官僚に過ぎなかった大内氏が台頭し、両守護を獲得していきます。

さて豊前国ですが、残念ながらこれといった特徴がないのです。初代守護は筑前の武藤資頼が兼務していますし、北条氏が執権として実権を握ると、金沢氏や糸田氏など北条一族が守護に就きます。室町時代になると、観応二年（一三五一）、豊後国守護の大友氏泰《うじやす》が兼務しました。さらに、康暦二年（一三八〇）には、周防国・長門国守護の大内義弘《よしひろ》が九州に進出して豊前国守護を兼ねます。以後、大内氏の支配が続きます。

つまり、豊前国守護の多くは、豊後・筑前・周防・長門の守護が兼務しているのです。オリジナリティが見当たらない国なのです。

豊後の大友氏、筑前の小弐氏、周防・長門の大内氏はそれぞれの地域に根差して戦国大名として成長していきますが、豊前国だけは主役がいない草刈り場と化していきます。

戦国大名出現のチャンスがなかったわけではありません。下野国《しもつけ》（栃木県）の宇都宮信房《うつのみやのぶふさ》が守護職の下に置かれた地頭職として入り、築城郡を中心に土着し、城井《きい》氏と名乗って勢力を誇示しました。しかし、豊前国をまとめ上げて戦国大名になるほどの力はなく、国衆《くにしゅう》に甘んじていました。

国衆。本編で何度も出てきますので、ちょっと説明しておきますね。国衆とは簡単に言えば、在地の領主、土着の豪族のことです。国人《こくじん》とも言います。戦国大名にはなれないが、その地域で一定の独立性を持った領主です。戦国大名の家臣になるのではなく、契約を結んで傘下に入っている存在です。

豊後の大友氏と周防・長門の大内氏、さらには下刻上で大内氏に取って代わった毛利《もうり》氏の間で豊前国の争奪戦が繰り広げられました。特に、大友宗麟《そうりん》（義鎮《よししげ》）と毛利元就《もとなり》は豊前国の門司城や蓑島を舞台に激しい攻防戦を展開しました。

しかし、大友宗麟も毛利元就も、彗星のごとく現れた豊臣秀吉に屈します。九州を平定した秀吉は豊前国のうち、企救郡・田川郡を側近の森吉成《よしなり》に宛《あて》がい、残りの六郡を軍師の黒田官兵衛（孝高《よしたか》）に与えました。森吉成は毛利氏にあやかって毛利勝信と名乗り、小倉城を居城としました。黒田官兵衛は下毛郡に中津城を築きました。

豊臣秀吉の死後に起こった関ヶ原の戦いで徳川家康が天下を掌握すると、豊前国一国は豊後二郡（国東《くにさき》郡・速見郡）とともに、細川忠興《ただおき》に与えられます。忠興は当初は黒田官兵衛が築いた中津城にいましたが、すぐに小倉城に移り、天守閣を築きます。

ここに、小倉藩が誕生しました。しかし、細川氏はわずか三十年余りで熊本に転封《てんぽう》になりました。

代わりに豊前六郡を得て入ってきたのが、明石《あかし》藩主だった小笠原忠真《おがさわらただざね》です。小笠原氏の小倉藩は明治維新まで約二百四十年続きます。本書の多くが小笠原藩の話です。藩制に関する聞きなれない用語がたくさん出てきますので、前もって小笠原藩の仕組みを説明しておきます。

まず、小笠原藩の範囲です。豊前八郡のうち、企救郡・田川郡・京都郡・仲津郡・築城郡と上毛郡の大部分です。ちなみに下毛郡及び宇佐郡の大半と上毛郡の一部は、小笠原忠真の甥である小笠原長次《ながつぐ》を藩祖とする中津藩になりました。中津藩小笠原氏は五代目で無嗣改易《かいえき》（後継ぎがいないため領地を没収されること）となったため、奥平昌成《おくだいらまさしげ》が入り、奥平氏中津藩が幕末まで続きました。

小倉藩の家臣団は、おおむね百石以上が知行《ちぎょう》取りと呼ばれ、中老、番頭《ばんがしら》、物頭《ものがしら》、馬廻《うままわり》という格式で区別されました。中老は原則として十四家で、その中から五人の家老が選抜される仕組みです。下級武士が抜擢されるという柔軟性はない代わりに、世襲制ではありませんでした。

次に農村支配の体制ですが、六郡を統括する役職が郡代（番頭格）で、各郡の責任者が筋奉行（馬廻格）です。各郡には十数か村を単位とする手永《てなが》という行政区域が設置されました。手永は細川藩独自の制度で、小笠原藩が踏襲しました。手永の責任者は大庄屋で、その補佐役が子供役です。いずれも農民ですが、苗字帯刀が許され、在任中は手永名を苗字として名乗りました。各村には庄屋が置かれました。大庄屋、子供役、庄屋は当初は在地の有力者が任命されていましたが、次第に官僚化し、出身地にかかわらず任命され、転勤もありました。

以上、本編を読むうえでお役に立てれば幸いです。

それでは、小倉藩の物語を始めましょう。

＊本編で引用した史料は、読みやすくするため、一部改変したり読み仮名を付したりしています。ご了承下さい。

小倉藩の逆襲❖目次

豊前国略図

小倉藩の逆襲

豊前国歴史奇譚

■第一話

毛利元就、小倉に城を構える。

サンフレッチェ広島は、広島市を拠点とするプロ・サッカーチームです。サンフレッチェとはどういう意味かご存じですか？　チームの公式ホームページによると、「サンフレッチェは、日本語の『三』とイタリア語の『フレッチェ（矢）』をあわせて作った造語で、「三本の矢」を意味します。このチーム名は広島に縁の深い戦国武将毛利元就の『三本の矢』の故事から名づけられたもの」と書かれています。

三本の矢の故事とは、次のようなエピソードです。

毛利元就が臨終の床に、三人の子ども（毛利隆元、吉川《きっかわ》元春、小早川隆景）を呼び、それぞれ矢を一本ずつ渡して「折ってみよ」と命じたところ、三人とも簡単に矢を折りました。そこで、元就は三本を束にした矢を用意して、再び折るように命じたところ、誰も折ることができませんでした。元就は「一本では脆《もろ》い矢も三本にすると強くなる。毛利家も三兄弟が協力すれば他国に負けることはない」と諭《さと》しました。

この故事は事実ではないようです。そもそも、長男の隆元は元就より先に亡くなっているのですから。しかし、元就が「三子教訓状」と呼ばれる長い手紙を子どもたちに送って、団結を訴えたのは事実です。その手紙を基にして、後世、「三本の矢」の物語ができたのだろうといわれています。

前置きが長くなりました。

小倉城の話をしなければなりません。実は、毛利元就こそが最初に小倉城を建てた人だといわれているのです。

厳島で陶晴賢を破る

世界遺産の宗像大社辺津宮《へつ》の置札に、永禄十二年（一五六九）のこととして「為通路小倉津構平城、伯州南條勘兵衛尉被差籠、在津」と書かれています。小倉津（津とは港のことです）に平城《ひらじろ》を築き、伯耆《ほうき》（鳥取県）国の「南條勘兵衛尉」を責任者として配置したということです。勘兵衛尉とは南條元清《なんじょうもときよ》（宗勝）という伯耆国羽衣石《うえし》城を拠点とする国衆で、毛利元就の傘下にいました。

毛利家もまた、安芸《あき》国（広島県）の国衆でした。当時、周防国山口を拠点とする大内氏、山陰で勢力を持つ尼子氏という戦国大名が割拠《かっきょ》しており、毛利家はその間で苦しみます。最終的に大内氏の傘下に入りました。

当時の大内氏の当主は大内義隆です。周防・長門（山口県）、安芸、石見《いわみ》（島根県）に九州の豊前・筑前も版図《はんと》とする大勢力です（版図とは版＝戸籍、図＝地図を意味し、支配する領地のことです）。小倉を含む豊前国は、義隆の四代前の盛見《もりはる》の時代から、おおむね大内氏に支配されていました。

毛利元就は次男の元春を吉川家に、三男の隆景を小早川家に送り込み、家督を継がせました。今でいうＭ＆Ａ（企業の合併・買収）ですね。二人は毛利両川《りょうせん》といわれ、小早川隆景は水軍を率いて山陽方面を、吉川元春は陸路を中心に山陰方面の攻略を担当し、毛利グループは勢力を拡大していったのです。

大内義隆は天文二十年（一五五一）、家臣の陶隆房《すえ》の反乱に遭い、自刃に追い込まれます。下剋上です。しかし、隆房は自ら戦国大名になることはせず、豊後国の戦国大名である大友宗麟の次男晴英《はるひで》に大内氏の家督を継がせようとします。晴英の母は大内義隆の妹でした。その関係で、一時は義隆の養子になっていたときもあったのです。

陶隆房は晴英の「晴」をもらって晴賢《はるかた》と改名しました。このように主君から一字をもらうことを偏諱《へんき》といいます。

大友晴英は天文二十一年（一五五二）二月、山口に入ります。このとき、付家老として同行したのが高橋鑑種《あきたね》です。この高橋鑑種、覚えていてくださいね。後で、小倉城と深く関わってきますから。

大友晴英は大内義長と名を変え大内家の当主となりました。とはいっても実権は陶晴賢に握られたままのお飾り当主でしたが。

毛利元就は陶晴賢の支配下に甘んじていましたが、弘治元年（一五五五）、勝負に出ます。元就は策略を尽くし、陶晴賢を厳島《いつくしま》へと誘い込みました。陶軍二万に対し、毛利軍はわずか三千足らずでしたが、荒天に乗じた毛利軍の奇襲が奏功し、陶軍に壊滅的な打撃を与えました。晴賢自身、逃亡の船も見つからず、追いつめられて自刃しました。さらに大内義長も下関まで追い詰められ、長福寺（現在の功山寺）で命を絶ちます。ここに大内氏は名実ともに滅びました。

毛利元就は大内氏旧臣を服従させながら版図を広げ、尼子氏も倒して中国一の戦国大名となりました。次に元就が狙うのは九州です。関門海峡を渡って門司城を押さえると、貿易の拠点である筑前の博多を手に入れようと考えます。そのためには、まず豊前国の攻略です。

立ちはだかる大友宗麟

毛利元就の九州進出戦略に立ちはだかったのが、豊後の大友宗麟です。

大友氏は相模国足柄《あしがら》郡の大友郷を本拠とし、源頼朝の有力な御家人であった大友能直を祖としします。頼朝から豊後守護職に補任《ぶにん》され、その子孫が豊後国府中（大分市）に住みつきました。義鑑《よしあき》の代になって、豊後一国から筑後、肥後まで版図を広げました。しかし、義鑑は長男宗麟の廃嫡を狙ったため、天文十九年（一五五〇）、家臣に襲われて落命しました。世にいう「二階崩れの変」です。結果的に大友宗麟が家督を継ぎ、戦国大名として成長していきます。

毛利元就と大友宗麟は門司城や豊前松山城（苅田町《かんだ》）をめぐって一進一退の攻防を続けますが、永禄四年（一五六二）、両者が総力を挙げた決戦が起こります。

一月、大友宗麟は一万五千の大軍を門司城へと動かしました。

大友の大軍が動いたとの報せを受けた毛利元就は、小早川隆景を門司城救援に向かわせました。隆景は水軍を駆使して一万の兵を門司城へ入れました。元就はさらに、長男の隆元に後詰として八千の兵を下関に布陣させました。

ここに、毛利氏対大友氏の史上最大の戦いが幕を開けたのでした。

ところで、大友宗麟のホームである大分を拠点とするプロ・サッカーチームの名前は大分トリニータです。そこで、両者の戦いの模様をサッカーに譬《たと》えてみます。

序盤、トリニータが優勢で、怒濤の攻撃を仕掛けます。何度もシュートを放ちます。しかし、サンフレッチェの守りは固く、ゴールを許しません。攻めあぐむトリニータに攻撃疲れが見えてきました。一瞬の隙をついて、サンフレッチェの村上がボールを奪い、カウンター攻撃を仕掛けます。ドリブルで突破し、シュートを放ちました。トリニータのゴールキーパー今井も防ぎきれず、鮮やかなゴールが決まりました。

大友軍の敗因は補給路の問題でした。大友軍は国東半島沿岸に水軍を有していましたが、補給路が長く伸びきり、毛利側水軍に横から攻められて、制海権を握られてしまったのです。ゴールを決めた村上とは、村上武吉《たけよし》のことです。瀬戸内海の能島《のしま》を拠点とする海賊である村上水軍の総帥です。この時期、村上水軍は毛利氏に与《くみ》していたのです。

毛利・村上連合水軍は周防灘に浮かぶ蓑島付近に集結し、仲津郡今井村と元永村の沖で大友水軍と海戦して大勝利を得ます。さらに、陸に上がり、門司から退却してきた大友軍を京都郡黒田や仲津郡国分寺付近で待ち伏せして大破しました。

余談ですが、昭和十八年（一九四三）に書かれた『毛利元就卿傳』という書物にはこの戦いのことを「能島の村上武吉は大友氏水軍の将今井元永の統率する舟師と戦ひ、敵船数十艘を鹵獲《ろかく》し、敵将数人を打果した」と書いています。そう、ゴールキーパー今井は今井元永のことですが、実在はしません。すでにお分かりと思いますが、今井村と元永村という地名が合体して今井元永という武将名になっているのです。作者の単純な勘違いでしょうが、面白いですね。蓑島を拠点とした水軍を操る武将がいたのではないかという思いはかねてから持っていますので、いつか、〝今井元永〟が活躍する物語を書いてみたいと思っています。

船板を使って小倉城を急造

豊前国から大友勢力を追い払った毛利元就は本格的に筑前侵攻を図ります。

この時期、筑前では宝満山城《ほうまんざん》と岩屋城（いずれも太宰府市）を大友方が押さえており、その城主（正確には城督と呼ばれていました）だったのが高橋鑑種です。そうです、大友晴英について山口に渡った男です。彼は、大内氏滅亡後、豊後に戻り、今度は大友宗麟の命で筑前の最前線に異動させられていたのです。

この高橋鑑種が何と、毛利方に寝返ります（くわしくは第二話で）。

毛利元就はさらに立花山城（福岡市東区ほか）主の立花鑑載《あきとし》も寝返らせ、永禄十一年（一五六九）四月、四万の軍勢をもって立花山城を占領しました。この報せを受けた大友氏は三万五千の兵を多々良川西岸に集結させ、毛利軍と干戈《かんか》を交えました（干戈とは楯と槍のことで、干戈を交えるとは戦闘することを意味します）。しかし、決着がつかず、両軍は半年にわたって対峙《たいじ》しました。世にいう多々良浜合戦です。合戦は大小合わせて十八回に及んだと伝えられています。宝満山城の高橋鑑種は毛利軍に協力してゲリラ戦を展開し、大友軍の猛攻を必死に防ぎました。

この戦いの最中、小倉城が築かれたのです。前出の史料には「為通路」とあります。毛利氏としては下関と筑前の間に中継点が欲しくなり、そこで目を付けたのが小倉津だったのです。

小早川隆景の書状（二月十二日付）によると、難破して流れ着いていた船を崩して、舟板を並べて「掻楯板《かいだて》」にしたとあります。急ぎの築城だったので、材木を伐り出して加工する暇を惜しみ、舟板を城壁の代わりにしたのです。

そして、急造の城の責任者に送り込まれたのが南條元清です。

しかし、毛利元就が小倉城を支配していたのはわずかな期間でした。この年、毛利氏は九州を撤退せざるを得ない状況に追い込まれました。尼子氏の旧臣山中鹿介が尼子一族の勝久を擁して出雲《いずも》に侵入し、月山富田城《がっさんとだ》（安来市）を包囲したのです。

これに呼応するかのように、大友宗麟が奇策に打って出ました。宗麟は大内義隆の従兄弟である大内輝弘をかくまっていましたが、十月十日、大友水軍を付けて周防国秋穂《あいお》（山口市）を襲撃させたのです。雌伏していた大内氏の旧臣が馳せ参じ、山口へなだれ込みました。

背後をつかれた毛利元就は九州に侵攻していた兵を即座に引き揚げ、山口に向かわせました。大内輝弘の乱はすぐに鎮圧しましたが、毛利軍が再び九州へ向かうことはありませんでした。尼子残党との戦い、さらには、その背後にいる織田信長が前年、将軍足利義昭を奉じて上洛しており、領土の東側の防衛に専念する必要があったのです。元就は門司城を残して九州を撤退することを決断しました。

当然、小倉城からも撤退しました。南條元清も居城が尼子勝久に攻められる恐れがあり、急遽帰国しました。

空き家になった小倉城に入ったのが、あの高橋鑑種です。

■第二話

高橋鑑種、独立をめざす。

「微妙」という言葉は、本来は美しい言葉です。『広辞苑』によると、最初に出てくる意味は「美しさや味わいが何ともいえずすぐれているさま」です。二番目の意味が「細かい所に複雑な意味や味が含まれていて、何とも言い表しようがないさま」。現在ではほとんどこちらの意味で使われています。特に最近はかなり否定的なニュアンスが強くなっていますね。

毛利氏が去った後、小倉城主となった高橋鑑種《あきたね》。この人、知名度からいっても、かなり微妙です。まず、高橋鎮種《しげたね》（紹運《じょううん》）とよく間違えられます。

この鑑種と鎮種の関係自体が非常に微妙です。そして、高橋鑑種が小倉城に入った経緯も微妙だし、そもそも鑑種の人生自体が何とも微妙なのです。

大友一族だけど宗麟を裏切った男

高橋鑑種は大友一族で同紋衆（大友氏と同じ杏葉《ぎょうよう》の紋を使用）である一万田親泰の次男として生まれました。幼名は右馬助。長じて親宗と名乗りました。生まれた年は定かではありませんが、大友宗麟と同じ享禄三年（一五三〇）生まれ、という説があります。

一万田氏の倅《せがれ》がなぜ、高橋を名乗ったのか。

まず、高橋氏について説明しましょう。高橋氏の祖は藤原純友の乱の際、追討使《ついとうし》として派遣され、封を受けて筑前国に土着した大蔵春実《おおくらのはるざね》です。春実は居住地の地名を取り、原田と称し、後に春種と号しました。一族の中で三原郡高橋（小郡市）に住んだ者が高橋姓を称するようになったといわれています。

一万田親宗が高橋氏を継いだのは、大友宗麟の父義鑑の戦略だと考えられます。義鑑は筑前の名門高橋氏を家臣に継がせることで、筑前攻略の役に立つと考えたのではないでしょうか。毛利元就が子どもに吉川家と小早川家を継がせたのと似ていますね。その時期は定かではありませんが、「天文十五年（一五四六）年以前」（『国史大辞典』）と考えられています。親宗は義鑑の「鑑」と高橋氏の通字である「種」をもらって鑑種と名乗りました。通字とは、その家の武将が名前に代々付ける字です。例えば、平家の「盛」、徳川家の「家」などです。しかし、当面は名乗っただけで、高橋鑑種が筑前に出向いたわけではありません。第一話でお話ししたように、鑑種は大友晴英に従って山口に行くことになるのです。

高橋鑑種の留守中の天文二十二年（一五五三）閏正月、豊後で衝撃的な事件が起こりました。大友宗麟が鑑種の兄である一万田鑑相《あきすけ》と弟の宗像鑑久を、謀反があったとして上意討ちで殺したのです。その理由は定かではありませんが、宗麟は鑑相の妻に懸想《けそう》し、鑑相を殺して妻を奪ったという説があります。

弘治三年（一五五七）四月、大内義長が自刃し、大内氏が滅びます。そのときの高橋鑑種の行動は分かっていませんが、義長が自害する前に豊後に帰国していたようです。報告のため、豊後に戻っているうちに事件が起きたという説もあります。大友宗麟が大内氏の滅亡を見越し、口実を付けて鑑種を呼び戻したと考えることもできます。いずれにしても、宗麟は弟は見殺しにしながら、高橋鑑種は呼び戻したのでした。そこには、今後役に立つかどうかという冷酷な判断が働いた気配がしますね。

大友宗麟は何食わぬ顔で高橋鑑種を重用します。父義鑑の戦略を踏襲して、宝満山城と岩屋城の城督という重要な役割を与えて、筑前に派遣したのです。

しかし、高橋鑑種は毛利氏の誘いに応じて、大友宗麟に反旗を翻し、挙兵してしまいます。

高橋鑑種が大友宗麟を裏切った理由はなんでしょうか。鑑種からすれば、兄弟を殺した主君への疑念があったのかもしれません。また、鑑種が山口で仕えた大内義長を兄大友宗麟が見殺しにしていることも影響があるかもしれません。鑑種の立場はわかりませんが、奉行人として仕えた主君が哀れな最期を遂げたことに何らかの含むものがあったとしても不思議ではありません。

さらに、高橋鑑種は名門の高橋氏を継いだときから、戦国大名として独立する志向があった可能性もあります。その後の鑑種の動向を見れば、単に毛利氏へ寝返るというだけでなく、同じ大蔵一族で筑前の国衆である秋月種実《たねざね》と同盟して、毛利・大友と対抗できる第三勢力として独立することを模索しています。実際、鑑種は種実の次男元種を養子にしています。すでにこの時点で、独立への夢がもたげてきていたのかもしれませんね。

筑前を追われ、小倉城主に

第一話のように、毛利元就は九州を撤退し、取り残された高橋鑑種は大友宗麟に降伏しました。そして、毛利軍が撤退した小倉城に入れられます。ただ、その入り方が微妙なのです。どうも、鑑種は毛利氏とも完全に切れてはなく、不思議な緩衝地帯の役目を果たしていたようなのです。

高橋鑑種が小倉城に入ったのは永禄十三年（一五七〇）一月。大友宗麟は降伏した鑑種を信用していたわけではなく、監視のために鷲岳城《わしがたけ》（北九州市小倉南区）を築いています。

高橋鑑種は小倉城入城とともに、門司城を攻めています。大友宗麟が鑑種の降伏を認める条件だったのかもしれません。しかし、毛利元就は、「鑑種が攻めてきたが途中で退いたので、門司城は安心してよい」という意味の書状を残しており、どうも、鑑種の門司城攻めは宗麟向けのパフォーマンスであった可能性もありますね。

光成準治氏は『関ヶ原前夜　西軍大名たちの戦い』で「鑑種は大友氏家中に復帰したとの見解もあるが、実際には毛利氏と大友氏の講和の条件として小倉城の領有を認められたものと考えられ、毛利氏寄りの独立的な領主となった」と推理しています。

高橋鑑種の小倉城入城は毛利氏と大友氏の暗黙の了解の中、小倉城を緩衝地帯としたと考えるのが妥当かもしれません。

一方、高橋鑑種を追放した跡の宝満山城・岩屋城には、大友一族の吉弘鑑理《あきまさ》の二男鎮理《しげまさ》が入りました。入城に際し、鎮理は主君大友宗麟の命令で、高橋氏の名跡《みょうせき》を継ぎ、高橋氏の通字「種」を受けて、高橋鎮種と名乗りました。ですから、高橋鑑種と高橋鎮種は形式的には義理の親子ということになります。

ここに、高橋氏は、鑑種の豊前高橋氏と、鎮種の筑前高橋氏が並立することになったのでした。

また、大友宗麟は、立花山城に重臣の戸次道雪《べつきどうせつ》を入れ、筑前支配を固めようとしました。道雪は各地の戦いで中心となった勇将で、このとき、すでに五十歳を超えていました。道雪は、立花鑑載の死去で断絶していた立花氏の名跡を継ぎ、のちに立花道雪と名乗りました。ちなみに、高橋鎮種の長男統虎《むねとら》は、立花道雪の一人娘誾千代《ぎんちよ》の婿として立花家の養子に入っています。のちの立花宗茂です。

高橋鑑種は天正七年（一五七九）になって、再び、毛利氏側へと旗幟《きし》を鮮明にします。毛利氏の家臣で、かつて豊前松山城主であった杉重良が大友方の田原親宏の調略に応じ、長門国から蓑島に渡海してくる騒動が起きました。これに対して、小倉城の高橋鑑種が鎮圧に駆けつけてきました。かねてから毛利氏の家臣である内藤隆春から決起を促されていた鑑種は、再び毛利方として行動することを決めたのでした。

高橋鑑種は豊前松山城に入り、二月二十八日、仲津郡大橋村で、田原親宏・杉重良の大友連合軍と戦いました。微妙な戦いです。大友氏の一族の高橋鑑種が毛利側で、毛利氏の重臣だった杉重良が大友方で戦うのですから、不思議な戦なのです。

高橋鑑種は大橋の戦いでは苦戦しますが、徐々に盛り返し、大友連合軍を蓑島に追い詰めました。田原親宏は領地の国東郡に逃げ帰り、杉重良は三月三日、築城郡椎田村で討ち取られました。

小倉城に凱旋した高橋鑑種はしかし、直後に体調を壊し、四月二十四日、城内で息を引き取りました。

まさに、波瀾万丈の生涯でした。何度、大友方と毛利方を行き来したことでしょう。筑前高橋氏の高橋鎮種が大友一筋で後に壮絶な最期を遂げる（くわしくは第三話で）のと対照的に、大友氏、毛利氏、さらには秋月氏と慎重に戦国時代を泳ぎ回った生涯であり、その分かりにくさが鎮種ほどの人気を得られていない理由だと思います。しかし、ぎりぎりの駆け引きを続けた男の独立への限りない執念を感じずにはいられません。

高橋鑑種の死後、跡を継いだ元種は、実父の秋月種実と行動を共にします。元種は香春岳《かわらだけ》城（香春町）に拠点を移し、小倉城は支城としました。

その小倉城を攻めたのが、黒田官兵衛です。

■第三話

森吉成、毛利を名乗る。

母衣。「ほろ」と読みます。武者が矢を防ぐ目的で背に付けた風船状の布のことです。

しかし、戦国時代になると、母衣はエリート部隊の象徴となります。織田信長は自らを護衛させるとともに、現場へ指示を出す伝令の役割を持った母衣衆というチームを作ります。親衛隊兼メッセンジャーの側近集団です。信長は「赤母衣衆」と「黒母衣衆」を立ち上げました。赤と黒の区別はよく分かりませんが、「赤」には前田利家、塙《ばん》直政、「黒」には河尻《かわじり》秀隆、佐々《さっさ》成政など、後に大名クラスとなる錚々《そうそう》たるメンバーがいます。

豊臣秀吉も母衣衆を受け継ぎました。なぜか色は変えます。黄色です。この黄母衣衆には、一柳《ひとつやなぎ》直末、神子田《みこだ》正治、小野木《おのぎ》重勝など、後に豊臣政権で大名になった男たちがいます。

その黄母衣衆の一人だったのが、後に小倉城主となる森吉成《よしなり》です。

豊臣秀吉、九州を平定

戦国時代の九州は、大友氏、島津氏、龍造寺《りゅうぞうじ》氏で三分されていました。龍造寺氏が島津氏に敗れて没落すると、大友、島津によって二分されます。

天正六年（一五七八）、大友氏が島津氏に決戦を挑むため南下します。しかし、耳川《みみかわ》（宮崎県日向市）の戦いで大敗してしまいました。

勢いづいた島津氏は、九州平定を目指して北上します。独立を模索しながらも大友に押さえつけられていた秋月種実やその子の高橋元種も、島津に屈します。

大友宗麟は追い詰められて、ついに豊臣秀吉に泣きつきました。上京して、島津討伐軍の派遣を要請しました。秀吉はいわゆる「惣無事令」を発し、島津に使者を遣わして大友との和平を勧告しますが、島津義久はこれを無視、北上を続けました。

天正十四年（一五八六）七月、島津軍は秋月氏の案内で太宰府に入り、高橋鎮種（紹運）の守る岩屋城を攻めました。半月余の攻防戦の結果、鎮種以下約八百の城兵は全員玉砕したと伝えられています。寝返りが日常茶飯事の時代にあって、大友一筋を貫いた壮絶な死でした。

島津軍は続いて宝満山城も下し、立花統虎（宗茂）が守る立花山城に迫りました。統虎の養父の立花道雪は前年九月十三日、七十三歳で病没していました。島津軍は立花山城を囲みましたが、秀吉が動くとの報に触れ、撤退しました。

ついに、豊臣秀吉が動きました。黒田官兵衛を軍奉行に任じ、すでに秀吉の軍門に下っていた毛利輝元、吉川元春、小早川隆景の毛利勢に豊前への出陣を命じました。また、豊後には仙石《せんごく》秀久を軍監に、長宗我部《ちょうそかべ》元親《もとちか》、十河存保《そごうまさやす》らの四国勢を向けました。

黒田官兵衛と毛利勢は十月三日海を渡り、翌日、二万五千の軍勢で小倉城を囲みました。小倉城は、香春岳城に拠る高橋元種の支城で、城代の小幡玄蕃《おばたげんば》が守っていましたが、自刃し、城兵は香春岳方面に逃げ去りました。

この時点で、多くの国衆は降伏を申し出てきましたが、高橋元種だけは対決姿勢を変えませんでした。小倉城は奪われたものの、香春岳城を本拠に、障子岳城《しょうじがだけ》（みやこ町）、宇留津《うるつ》城（築上町）などの支城を持っていました。

毛利勢はまず、宇留津城を攻めることにしました。宇留津城を守るのは加来《かく》基信。高橋元種に人質を取られていたため、降伏することができなかったといわれています。天正十四年十一月七日、小早川隆景と黒田官兵衛は宇留津城を攻め、一日で落城させました。

『黒田家譜』によると、敵兵二千余人のうち、千余人の首を取り、残る男女三百七十三人を「生捕」にして磔《はりつけ》にかけました。報告を受けた豊臣秀吉は小早川隆景と黒田官兵衛に、「心地よき次第候」と書いた十一月二十日付の感状（『黒田家譜』）を与えています。ぞっとしますね。天下統一を間近に控えた秀吉の自信にあふれた冷血な顔が目に浮かびます。

毛利軍は続いて、高橋元種が守る香春岳城への攻撃を開始しました。元種は二十日間にわたって抵抗を続けましたが、十二月十一日、総攻撃を受けて降伏しました。

翌天正十五年（一五八七）三月一日、ついに豊臣秀吉が大坂を発しました。二十八日、小倉城に入り、軍評定を行って全軍を二手に分けました。翌二十九日、秀吉は馬ケ岳城（行橋市）に入りました。四月一日には秋月種実の出城、岩石城《がんじゃく》（添田町）を包囲、一日で落城させました。その圧倒的な兵力に、秋月種実もついに抵抗を諦め、頭を丸め、島井宗室から譲り受けた名器「楢柴」の茶入れを献上して、降伏しました。種実は「筑前最大の所領（実勢三十六万石）を持ち」（『筑前戦国争乱』）、独立を模索し続けましたが、畿内、中国、四国を従えた秀吉の敵ではありませんでした。

総勢二十万ともいわれる大軍が、島津めざして二手から南下しました。

豊後から日向を経て薩摩に攻め入る「南軍」は、豊臣秀長を大将に、小早川隆景を先陣とし、黒田官兵衛、毛利輝元、吉川元長（元春の子）、宇喜多秀家、長宗我部元親、大友義統《よしむね》（宗麟の子）らが続きました。長い間対立を続けていた毛利氏と大友氏が初めて味方同士となって出陣したのでした。

一方「北軍」は、豊臣秀吉自ら大将となり、森吉成や降伏した高橋元種、城井朝房を先鋒に、豊前から筑前、筑後を経て薩摩を目指しました。

「南軍」は、豊後国府中から兵を引く島津軍を追って南下し、三月二十九日に縣城《あがた》（延岡市）を落とし、四月六日には耳川を渡って高城（宮崎県木城町）を包囲しました。四月十七日、島津軍二万と会戦、勝利しました。ついに二十一日、島津義久が和睦を申し入れてきました。

毛利勝信と改名

九州を制圧した秀吉は、七月三日、小倉城に入りました。「九州仕置」を発表し、諸将に知行宛行状《あてがいじょう》を出しました。

島津氏は薩摩・大隅の二国が安堵され、肥後一国は佐々成政に、筑前一国と筑後国の一部が小早川隆景に与えられました。降伏した秋月種長（種実の子）は日向国財部《たからべ》三万石、高橋元種は日向国縣五万三千石に移されました。

豊前国では、京都・仲津・築城・上毛・下毛五郡と龍王城・妙見岳城を除く宇佐郡計十二万石が黒田官兵衛に宛がわれました。黒田官兵衛は秀吉の指示により馬ケ岳城に入りましたが、山城で政治・経済の中心にはなりえないため、中津川（山国川）河口部に平城を築きました。中津城です。

小倉城を含む企救郡と田川郡六万石は森吉成に宛がわれました。このうち一万石は長男の森吉政に任されたといわれています。

黒田官兵衛の石高は森吉成の倍ですが、小倉城という交通や経済の要所が官兵衛ではなく吉成に与えられたことは注目に値します。軍事参謀の官兵衛より、エリート官僚の吉成へと秀吉の期待が移っていく過程としても興味深いですね。

小倉城主となった森吉成ですが、謎に包まれた男です。豊臣秀吉と同じ尾張《おわり》（愛知県）出身という説がありますが定かではありません。織田信長の家臣だった森可成《よしなり》と間違われることがありますが、別人です。黄母衣衆に入って頭角を現し、秀吉の九州平定に当たっては、側近として活躍しています。秀吉が毛利氏に送った書状の最後に「委細壱岐守可申候也」と書かれています。壱岐守は森吉成のことで、くわしいことは吉成に聞きなさい、というニュアンスです。秀吉の意を汲んで、各大名に詳細を指示する役割を担っていたようです。

森吉成は豊臣秀吉の命令で毛利勝信と改名します。その理由はよく分かりませんが、森がマイナーなため、メジャーな毛利氏にあやかったのではないでしょうか。長男の森吉政も毛利勝永と名乗りました。

この頃の小倉城はどんな状態だったのでしょうか。武家屋敷も町家も紫川の西側にあり、東側は「高浜浦といひ、漁家あり」(『小倉市誌』)といった程度の漁村にすぎなかったのです。

森吉成は領地を任されるに当たって、地元対策に気を配りました。毛利元就や高橋鑑種と違って、中央から派遣された落下傘大名です。領地で反乱が起きれば、いかに秀吉の側近といえども、苦しい立場に追い込まれることは必定です。吉成は弟の吉雄(吉勝)に一万石を与えて岩石城を守らせます。ズバリ、彦山対策です。修験の霊場である彦山(霊仙寺《れいせんじ》)はまた、山伏を中心とした武装集団の拠点でもあります。山伏軍団を手なずけることが領地の安定に最も必要なことです。そこで、吉成は次男の吉通(吉近)を彦山の座主に就けようと画策します。しかし、隣国の黒田官兵衛の子である長政の横やりが入り、失敗します。なお、この岩石城が後に、佐々木小次郎伝説を生みます(くわしくは第五話)。

豊臣秀吉の死後、徳川家康率いる東軍と石田三成を中心とした西軍の対立が激化し、慶長五年(一六〇〇)、関ヶ原の戦いが起きます。豊前国では、森吉成が西軍に付き、黒田官兵衛・長政が東軍に与《くみ》しました。

森吉成の長男吉政は西軍の伏見攻めに参加し、関ヶ原では安国寺恵瓊《えけい》とともに、南宮山《なんぐうさん》に陣取った毛利秀元(輝元の弟)の脇に控えました。吉成は小倉城に残り、肥後の加藤清正の調略を図っていたといわれています。

黒田氏では、長政が家康と行動を共にし、関ヶ原の戦いでは、石田三成軍と激戦を展開します。一方、官兵衛は、家康に従う我が子長政とは別に、中津城で金銀をばらまいて兵を集め、西軍の大友義統《よしむね》らとの戦いに臨みました。義統は豊後一国の領主でしたが、朝鮮出兵で臆病な振る舞いがあったとして豊臣秀吉の逆鱗に触れ、改易されていました。西軍の毛利輝元の支援もあり、旧臣を糾合して、お家再興を夢見て挙兵したのでした。

九月十三日、黒田軍は石垣原《いしがきばる》（別府市）で大友軍と激突し、これを破りました。十五日に大友義統は降伏しました。くしくも、関ヶ原の戦いで東軍が勝利した日でした。黒田官兵衛は、数年続く混乱を想定して天下を狙っていたのかもしれませんが、その夢も一日で潰えたのでした。

毛利輝元は関ヶ原の戦いで西軍の総大将に押し上げられ、大坂城にあって戦わずして敗れました。勝敗を決したのは、小早川隆景の養子秀秋の裏切りでした。また、吉川元春の子、広家も家康に通じており、西軍の主力である毛利秀元の大軍を南宮山に釘付けにし、参戦を阻止しました。サンフレッチェ崩壊ですね。

石垣原の戦いに勝利した黒田官兵衛は、家康の指示により、小倉城の接収に動きます。十月五日、小倉城に使者を送り、開城を勧めました。森吉成は十月十四日に城を明け渡し、剃髪して一斎と名乗りました。城を出た吉成は長男の吉政とともに、土佐一国を拝領した山内一豊に引き取られました。

毛利氏は中国八か国百二十万石から防長二国三十六万石に大幅に減らされて、かろうじて生き延びました。本来は取り潰される予定でしたが、吉川広家が自分が得るはずだった防長二国を毛利氏に渡すことで決着し、吉川氏は岩国六万石に甘んじたのでした。小早川秀秋は岡山に五十五万石の大封を得ました。しかし秀秋は、わずか二年後に病死し、小早川藩は無嗣改易となりました。

黒田長政は筑前五十二万石を拝領し、官兵衛も一緒に移りました。森氏と黒田氏の跡に豊前国に入ったのが、細川忠興です。

■第四話

細川忠興、風変わりな天守閣を造る。

南條元清、高橋鑑種、森吉成（毛利勝信）と小倉城主は目まぐるしく変わりましたが、いずれもマイナーです。いよいよ、次はメジャー級が来ますよ。

細川忠興《ただおき》です。細川幽斎（藤孝）の子であり、細川ガラシャの夫であり、利休七哲のひとりとしても名が知れています。

細川忠興は単に小倉城主になったというより、城を大きく造り替えた人です。何といっても城のシンボルである天守閣を建てました。ただ、天守閣を建てるまでに、細川家には何とも切ない物語があったのです。

黒田長政との確執と興元の出奔

関ヶ原の戦いの後、改易された森氏と、筑前に「栄転」した黒田氏の跡に入ったのが細川忠興です。忠興は丹後《たんご》（京都府）十二万石と豊後杵築《きつき》六万石の大名でしたが、関ヶ原の戦いでの奮戦が評価され、豊前一国と豊後二郡（国東郡・速見郡）を拝領し、以前からの領地である杵築を含め三十九万九千石を得ました。

細川忠興は慶長五年（一六〇〇）十一月に豊前に入りましたが、出ていく黒田氏と一悶着《ひともんちゃく》がありました。

この当時、転封《てんぽう》に当たっては、領地内の年貢米は置いていくのがルールでした。細川忠興も丹後の領地に年貢米を置いてきました。ところが、豊前に入ってみると、年貢米がありません。黒田長政が筑前入りする際にもって行っていたのです。怒った忠興は翌年五月、黒田藩に返済を求めました。しかし、のらりくらりして返そうとしない黒田藩の態度に業を煮やした忠興は、門司に番船を集結させ、黒田藩が米を上方に送る回船が関門海峡を通るときに、差し押さえようと図りました。

結局、山内一豊らの仲介で、返済の運びとなりましたが、両家の確執は続くことになります。

中津城に入った細川忠興は領内の城に親族や家臣を入れます。宇佐龍王城に弟の細川幸隆、香春岳城に同じく弟の細川孝之、岩石城に篠山忠直、豊後杵築城に松井康之、豊後高田城に有吉立行、門司城に従兄弟の沼田延元などです。

そして、小倉城にはすぐ下の弟細川興元を入れます。興元は子に恵まれなかったため、忠興の次男である興秋を養子にしていました。
ところが、慶長六年（一六〇一）十二月、細川興元が城を脱け出し、船に乗って出奔《しゅっぽん》してしまったのです。しかも、その船、何と、お隣の黒田長政が仕立てた船だったのでした。年貢米事件の恨みによる長政の意趣返しです。

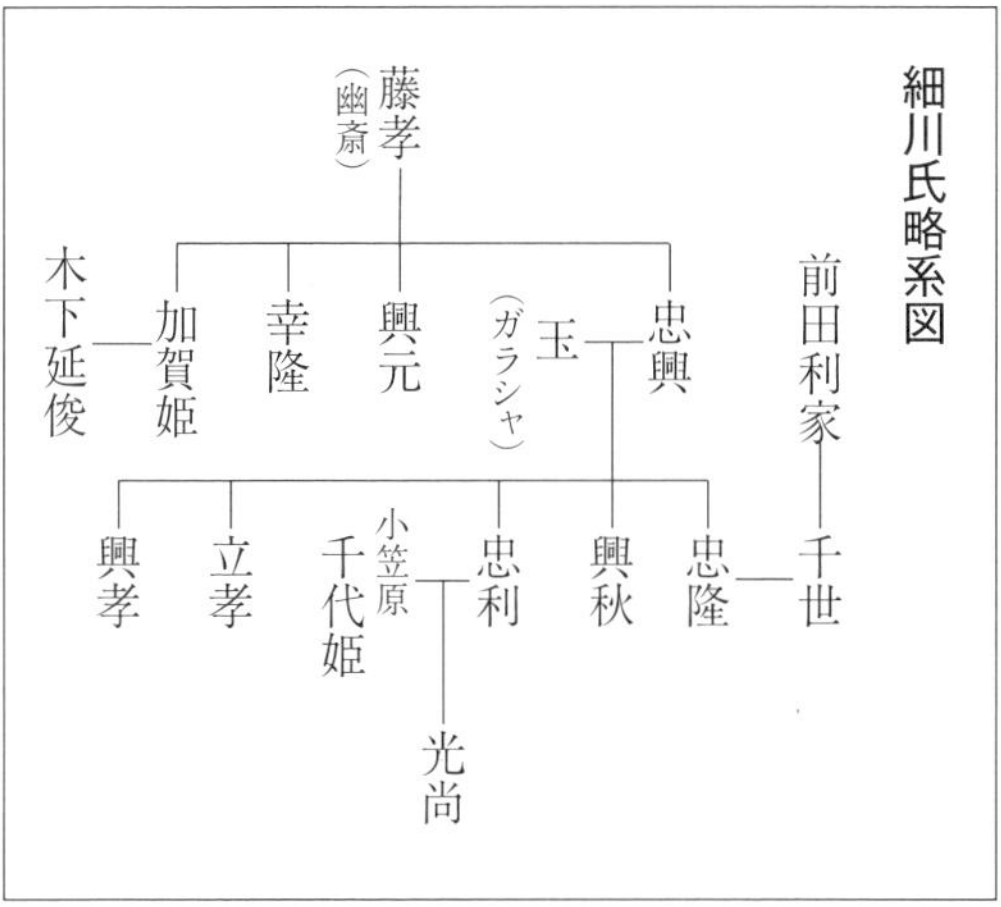

黒田長政に唆《そそのか》されたとはいえ、なぜ、細川興元は出奔したのでしょうか。興元は松井康之と並ぶ二万五千石の大禄で遇されていたにも拘《かかわ》らずです。戦国の世を兄忠興とツートップで戦い抜いた興元は、自ら大名に取り立てられると思っていたのではないでしょうか。それが兄の家臣にされたことが不満だったのかもしれません。

出奔した後の細川興元は京都に住んでいる父の幽斎を頼り、一緒に暮らします。

細川興元は慶長十三年（一六〇八）になって、徳川家康の仲介で兄忠興と和解し、将軍秀忠の家臣となります。慶長十五年（一六一〇）には、下野国芳賀郡に一万石を得て、茂木《もてぎ》藩の大名になります。さらに、元和二年（一六一六）には大坂の陣の軍功により、常陸《ひたち》国（茨城県）筑波郡と河内郡で六千二百石を加増され、同四年には藩庁を筑波郡谷田部に移し、谷田部藩を立藩します。この谷田部藩細川家は幕末まで続きます。

細川忠興は慶長九年（一六〇四）八月に、三男忠利への家督相続を将軍徳川秀忠から認めてもらいました。忠利は人質として秀忠の傍にあり、気に入られていました。このため、忠興は将軍への忖度《そんたく》から、三男ながら忠利を世継ぎと決めたのでした。

細川忠利は小倉城に移ることになり、代わりに興秋が人質として江戸に派遣されることになりました。しかし、興秋は江戸に向かう途中、京で出奔しました。弟が藩主になり、自分が人質になる、ということに興秋は絶望したのでしょう。興秋は養父興元と同様、幽斎の屋敷に逃げ込みました。

さらに、細川幽斎に養われていた男がもう一人います。細川忠隆です。忠興の長男であり、興秋や忠利の兄です。長男ですから、本来なら忠興の跡取りなのですが、関ヶ原の戦いの後、廃嫡《はいちゃく》されていたのです。関ヶ原の戦いの直前、細川ガラシャは石田三成から人質として大坂城に入城することを強要されたとき、それを拒んで自害します。このとき、ガラシャと同居していた忠隆の妻千世（前田利家の娘）は自害を拒み、実家に逃げました。これを知った忠興は激怒し、忠隆に千世の離縁を命じますが、忠隆は拒否しました。そのため、忠隆は細川家の後継者という地位を失っていたのでした。

こうして、細川幽斎は自分の次男と、孫二人を抱え込んでしまうのです。

唐造りの天守閣を建設

細川忠興は興元に代わる小倉城主を探すのではなく、城を改修して自ら入ろうと考えました。小倉藩の首都を中津から小倉に移そうというのです。

そうと決めれば動きの速い男です。翌慶長七年（一六〇二）一月二十六日には小倉に赴き、縄張りを指示しました。

城づくりの奉行に指名したのが村上景広（八郎左衛門）です。景広は村上水軍の一味で、第一話で登場した村上武吉の従兄弟です。毛利氏の傘下に入り、備中《びっちゅう》（岡山県）笠岡城主でしたが、関ヶ原後の毛利輝元の没落により毛利氏を離れたところを、細川忠興に拾われたのでした。

細川忠興は城づくりに紫川と板櫃川《いたびつ》などを天然の堀として利用しました。紫川の西側、板櫃川との間に本丸、北の丸、松の丸を造り、西南に二の丸と三の丸を配しました。

ちなみに、松の丸は細川幽斎の生活の場として造ったといわれています。当時の図面によると、西口門は松の丸に通じており、門から直接本丸には入れない構造でした。つまり、小倉城は二世帯住宅だったのです。しかし、細川忠興と幽斎は興元らの出奔を巡って微妙な関係にあり、幽斎は京を離れることなく、松の丸には入らず仕舞いでした。

細川忠興は、城の石垣にも情熱を傾けました。足立山から自然石を運び出し、加工せずにそのまま積みました。これを野面《のづら》積みと言います。この当時は、石を加工して組み立てる打ち込み接《は》ぎという効率的な手法が主流でしたが、忠興は敢えて、非効率な野面積みを採用したのでした。

忠興は気性の激しい殿様だったようです。足立山から巨石を運び出していた人夫たちがあまりの重さにへばって動けなくなったとき、怒りのあまり、人夫頭の富岡某を手打ちにしたという伝承が残っています。このときの巨石が小倉城内に残されています（くわしくは第九話）。

十一月、城改修の大枠ができたところで、細川忠興は早くも入城しました。

藩の定義を「江戸時代の大名の領地・組織・構成員などの総称」（『広辞苑』）だとすると、ここにめでたく小倉藩が成立したのです。

細川忠興は単に城の改修だけでなく、大掛かりな都市計画も行いました。漁村でしかなかった紫川の東側に広大な曲輪《くるわ》を造り、整然と区画された城下町を出現させたのです。

町は海につながっていますので、多くの外国船が行き交っていたと思います。細川忠興の妻はキリシタンのガラシャであり、細川家はキリスト教に理解があったため、教会が立ち並んでいました。慶長八年（一六〇三）には、司祭一人、修士二人、受洗者が四百人いたといわれています。お洒落でエキゾチックなピッカピカのニュータウンが出現したのです。

慶長十一年（一六〇六）、事件が起きました。筑前黒田藩の重臣で大隈城主として一万六千石を食《は》んでいた後藤又兵衛基次が、黒田長政と衝突して藩を退去したのです。さあ、細川忠興が反撃に出ます。又兵衛を領内の仲津郡今井村の西福寺というお寺で匿ったのです。第一話で、毛利軍と大友軍が戦った場所ですね。さらに、忠興は又兵衛を船に乗せて大坂まで逃がしました。元水軍の将である村上景広を同行させたといいますから、念が入っています。さすがの黒田長政も手を出せなかったでしょう。

黒田長政に対して留飲を下げた細川忠興、いよいよ、天守閣の建築に挑みます。忠興が建てた天守閣は四階と五階の間に屋根の庇《ひさし》がなく、しかも、五階のほうが四階よりも大きく、四方に半間（九〇センチ）ずつ張り出していました。最上階を除いて破風《はふ》がありませんでした。破風とはお城の屋根につきものの三角形の装飾板です。一階から四階までは白、五階が黒塗りです。その奇抜さから「唐造り」と呼ばれていました。安土城にも劣らない前衛的な城だったのです。

天守閣が完成したのは慶長十四年（一六〇九）頃だと推測されます。天守から自分が造ったニュータウンを見下ろす細川忠興の得意満面な顔が目に浮かびますね。

余談ですが、この天守閣は天保八年（一八三七）の不審火により焼け落ちました（くわしくは第十話）。

天守閣が再建されたのは昭和三十四年（一九五九）です。このとき細川忠興が建てた天守を忠実に復元するのではなく、オリジナルな破風を付け加えているのです。破風があったほうが城らしく、観光客には親しまれると判断して、ちょっと盛っちゃったのでしょうね。

■第五話

宮本武蔵、舟島で決闘する。

夏潮の今退く平家亡ぶ時も

高浜虚子《きよし》が関門海峡の潮流を詠んだ句です。海峡に面した和布刈《めかり》神社（北九州市門司区）の片隅に句碑が佇《たたず》んでいます。目の前を潮が激しく流れます。海峡で一番狭い早鞆《はやとも》の瀬戸。その幅は約七〇〇メートルしかありません。まるで川のようです。しかし、川と違うのは、一日に四回、流れの向きを変えることです。これは周防灘と響灘の干満の差によるものですが、日々四度、潮目が変わるのです。

関門海峡には歴史の潮目が多くあります。虚子が詠んだように、源平合戦がまさにそうですね。寿永四年（一一八五）、源氏と海戦をする平家は当初、潮の流れに乗って攻勢に出ていましたが、潮の流れが反転すると押し戻され、壇ノ浦で滅びました。潮流の変化が歴史の潮目となったのでした。

それから、四百二十七年後、関門海峡で人生の潮目を迎えた男がいます。

宮本武蔵です。

佐々木小次郎と決闘したことを知らない人は少ないでしょう。しかし、その実像は分からないことが多く、謎に包まれています。多くの人が抱いている宮本武蔵のイメージは、吉川英治の小説『宮本武蔵』や、それを原作として描いた井上雄彦の漫画『バガボンド』によって創られたものです。吉川英治の小説のベースになっているのは、武蔵の死後百三十年目に書かれた『二天記』ですが、それ自体に多くの創作が含まれています。

宮本武蔵は小倉藩と深い関係にあります。今回は小倉時代の武蔵の実像に迫ってみます。

天下一を名乗る

細川忠興プロデュースの小倉ニュータウンが完成し、町が活気にあふれていた慶長十七年（一六一二）、宮本武蔵は関門海峡に浮かぶ舟島という無人島で、のちに佐々木小次郎と呼ばれる男と決闘をしました。

「舟島っていうけど、巌流島じゃないの」というツッコミが入りそうなので、最初に種明かししますが、舟島は巌流島の正式名称です。巌流島はいわばニックネームですが、「巌流」とは佐々木小次郎の流派名ですから、決闘後に付けられた名前です。でも、変ですよね。この決闘、宮本武蔵が勝ったので、武蔵島と付けられるのが普通じゃないでしょうか。

決闘に至るまでの宮本武蔵の物語を始めます。まずは、生い立ちから。

宮本武蔵が生まれたのは、本人の書いた『五輪書《ごりんのしょ》』によれば天正十二年（一五八四）です。現在では『宮本家系図』にもとづいて、天正十年説を唱える方が多いようですが、本書では本人の証言を信じて十二年説を採用します。

宮本武蔵は播磨《はりま》国印南《いなみ》郡米堕《よねだ》村（兵庫県高砂市）の地侍である田原家貞の次男として生まれました（他にも諸説あります）。当時の田原氏は毛利氏に与して織田信長勢力と戦って敗れ、武士を捨てて農民になることを余儀なくされていたようです。そのため、当主の家貞は次男の武蔵を武士として残すため、美作《みまさか》国（岡山県）竹山城主である新免《しんめん》氏の家臣、宮本無二斎の養子に出しました。無二斎は高名な剣術家で、主家の新免姓を名乗ることを許されていました。室町幕府将軍の足利義昭の前で、将軍の剣術指南役である吉岡氏と試合をして勝ち、将軍から「日下無双兵術者」の称号を与えられていました。

宮本武蔵は無二斎から剣の技を教えられ、十三歳のときには、有馬喜兵衛という武芸者と戦って勝っています。その後、武蔵は諸国武者修行に出て、京の吉岡一門を倒すなど、六十回以上戦って一度も負けたことがないという圧倒的な力を付け、自ら「天下一」と名乗りました。

宮本無二斎は豊前国中津で、黒田官兵衛に召し抱えられました。第三話でお話しした石垣原の戦いにも参戦していたと考えられています。武蔵も養父と行動を共にして戦場を経験した可能性があります。

そして、慶長十七年、舟島で佐々木小次郎と戦うことになるのです。

なぜ、決闘することになったのか。吉川英治の小説などでは、宮本武蔵は細川家家老の長岡佐渡に招かれ、小倉藩剣術指南役の佐々木小次郎との対決を要請されます。小次郎にも岩間角兵衛という重臣がついており、藩内の権力争いを匂わせます。

事実はどうなのでしょうか。宮本武蔵自身はこの決闘について一切語っていません。養子の伊織が建立した武蔵の顕彰碑の碑文（『小倉碑文』。くわしくは第七話）では「兵術の達人」である「岩流」と名乗る男から「雌雄を決せん」と請われ、舟島で決闘したとあります。

また、細川家重臣で門司城主だった沼田延元の子孫がまとめた『沼田家記』には、武蔵と小次郎は共に小倉藩で「兵法の師」をしており、双方の弟子が「兵法の勝劣」を主張し合ったため、決闘になったと書かれています。

いよいよ決闘になりますが、吉川英治の小説などでは、この試合は細川藩（小倉藩）の検使の立ち合いの下、辰の刻（午前八時ごろ）に舟島で行うと定められた公式試合です。宮本武蔵は前日、長岡佐渡の屋敷を脱け出し、下関の船宿に移ります。

当日、武蔵は船宿を出て、数時間遅れて島に到着します。手には舟の櫂《かい》を削った木刀を持っています。焦《じ》れて待っていた佐々木小次郎は武蔵の舟を見るや、波打ち際まで進み、鞘《さや》を払って捨てました。これを見た武蔵は「小次郎、敗れたり、勝つつもりなら鞘は捨てまいに」と言い放ちました。

激昂した小次郎は物干し竿と呼ばれた長刀で打ち込みましたが、武蔵が額に結んでいた鉢巻きの結び目を切っただけで、飛び上がった武蔵が振り下ろした木刀に頭を打たれて倒れました。小次郎は倒れながらも刀を横に払って武蔵の袷《あわせ》を三寸ばかり切りましたが、脇腹を武蔵の木刀で打たれて気絶しました。

武蔵は島を去り、小説は終わります。

後味の悪い結末

しかし、実際はどうもそんなにきれいな話ではないようなのです。

まず、なぜ、舟島が選ばれたかということです。舟島は下関の彦島沖に浮かぶ小島です。現在の舟島は約一〇万三〇〇〇平方メートルで東京ドーム二個分ですが、その大半は近代に埋め立てられたもので、当時は約五分の一の一万七〇〇〇平方メートルの細長い、まさに舟の形をした島でした。

当時は、徳川幕府が成立して、戦乱から平和へと向かっている時代です。藩公認の果たし合いが許されるとは考えにくく、この決闘は私闘だったと思われます。城下での決闘をはばかって、藩領外の無人島を舞台に選んだのではないでしょうか。

地元の彦島などでは、舟島を含む彦島が当時小倉藩領で、元和六年（一六二〇）になって、長府藩領であった門司の一部と交換したという伝説が残っています。実際には、長府藩が慶長年間に行った検地の史料があり、長府藩領であったことが確認されていますのでありえない話ですが、決闘が公式試合であったという説と関係があるかもしれませんね。

『沼田家記』では、佐々木小次郎は宮本武蔵の弟子たちによって止《とど》めを刺されます。小次郎の弟子たちは舟で武蔵を追いかけます。慌てた武蔵は門司城に逃げ込みました。城主の沼田延元は、一旦匿《かくま》った後、鉄砲隊の護衛付きで、武蔵を豊後国日出《ひじ》にいた養父無二斎のもとに送り届けました。

無二斎は関ヶ原の戦いの後、黒田氏の移封に伴って、筑前に移っていたはずですが、この頃は、日出藩の木下延俊の客分になっていたようです。延俊は小早川秀秋の兄であり、延俊の妻は細川忠興の姉です。忠興は幕府への配慮もあって、武蔵を領外に逃がそうと考えたのではないでしょうか。行き先として、親戚であり、細川藩領と隣接する日出藩が最適と考えたのかもしれませんね。

勝って、ヒーローになるはずだった武蔵は、逃げるように小倉藩を去るしかなかったのです。

この決闘の背景には、細川藩の陰謀があったとする説があります。原田夢果史は『真説宮本武蔵』で、佐々木小次郎は岩石城を拠点としていた佐々木氏の出で、小次郎の背後には彦山修験道の山伏勢力が控えていたため、土着勢力の蜂起を恐れた細川忠興が決闘に名を借りて小次郎を抹殺しようと図ったという説を唱えています。その説は、多くの郷土史家によって現在も語り継がれています。

ありそうな話だと思いますね。森吉成（毛利勝信）は山岳に根を張る土着勢力に手を焼いていました。また、黒田官兵衛も領地内の国衆である城井鎮房《しげふさ》の抵抗にあっており、細川忠興が藩領の治安を守るために、反逆の芽を事前に摘もうと考えるのは不自然ではないでしょう。武蔵の弟子といわれる男たちも、それを装った細川家の関係者じゃないかと邪推してしまいますね。

ただし、この説は、佐々木小次郎という男が実在していたら、という条件付きです。つまり、『小倉碑文』にも『沼田家記』にも佐々木という苗字は出てきません。佐々木が初めて出てくるのは、決闘から百二十五年後の元文二年（一七三七）に上演された歌舞伎『敵討ち巌流島』です。「佐々木小次郎」とは歌舞伎の作者の創作、という説が捨てきれないからです。

いずれにしても、以後、宮本武蔵は真剣での勝負を止《や》めます。武蔵の心に、どんな変化があったのでしょうか。そして、二十年後、武蔵は再び小倉に戻ってきます。続きは第七話で。

■第六話

小笠原忠真、小倉藩主となる。

小笠原氏は寛永九年（一六三二）から約二百四十年にわたって小倉藩十五万石の藩主でしたが、そのわりには、地味な印象が拭えませんね。

近隣の藩と比較すればよく分かります。例えば、関門海峡を挟んだ長州藩は毛利氏。何といっても戦国の英雄として名高い毛利元就から始まっています。西隣の福岡藩は黒田氏。言わずと知れた黒田官兵衛が礎《いしずえ》を築きました。

小笠原氏には著名な戦国武将がいなかったためか、印象が薄いのです。しかし、藩祖小笠原忠真《ただざね》はけっこう劇的な生涯を送っているのですよ。もっと注目されてもいいのではないかと思い、取り上げてみることにしました。

大坂の陣の悲劇

小笠原氏は清和天皇の孫である源経基を祖とする清和源氏から始まる名門です。経基から五代目の新羅《しんら》三郎義光の子義清が武田氏を名乗り、その孫の長清が甲斐国《かい》（山梨県）小笠原の領地にちなみ、小笠原氏を名乗りました。小笠原長清は源頼朝の側近として重用されました。小笠原氏は執権北条氏からは遠ざけられていましたが、鎌倉幕府末期に長清から七代目の小笠原貞宗が足利尊氏に従い幕府樹立に貢献したため、信濃国《しなの》（長野県）守護に任じられました。

小笠原貞宗から八代目の長棟《ながむね》は信濃国安曇《あずみ》・筑摩《ちくま》二郡に割拠して戦国大名としての地位を築きました。しかし、その子小笠原長時は、天文十七年（一五四八）の塩尻峠の戦いで武田信玄に大敗して領地を追われ、子の貞慶《さだよし》とともに京へ逃げました。長時は上杉謙信に保護された後、会津の蘆名《あしな》氏に寄寓し、その地で息を引き取ります。

一方、子の小笠原貞慶はしたたかでした。父と別れ、足利義昭、織田信長に仕えました。本能寺の変後の混乱に乗じて、上杉景勝や木曽義昌と戦って旧領を回復しました。しかし、割拠する力はなく、徳川家康の圧力に屈し、配下となりました。

貞慶の子小笠原秀政は徳川家康に気に入られ、家康の長男信康の娘福姫を娶《めと》りました。信康の妻は織田信長の娘ですから、福姫は信長と家康という両英雄の血を引いていたことになりますね。こうして、小笠原家は徳川家との縁戚を誇る有力な譜代となりました。

小笠原秀政は家康の関東移封に伴い、下総国《しもうさ》（茨城県）古河《こが》三万石を得ました。

小笠原忠真は古河の地で、文禄五年（一五九六）に秀政の次男として生まれました。なお、忠真を名乗ったのは寛永二十一年（一六四四）と遅く、それまでは忠政ですが、後に出てくる親戚の本多忠政と区別する意味もあって、忠真に統一させていただきます。

慶長五年（一六〇〇）、関ヶ原の戦いが起きます。小笠原秀政は宇都宮城の守備で功績を上げました。そのため、翌年、天下を掌握した徳川家康から、祖先の地である信濃飯田五万石を宛がわれました。さらに、慶長十八年（一六一三）には信濃松本に八万石を得て加増移封されました。

慶長二十年（一六一五）、大坂夏の陣が起こると、小笠原秀政は忠脩《ただなが》、忠真の二人の子どもを連れて出陣しました。騎兵二百五十騎、歩兵三千人を率いて、天王寺に布陣しました。

五月七日、小笠原軍が阿倍野辺りを進軍していると豊臣方の大野治長の部隊と遭遇しました。激しく干戈《かんか》を交えているところに、毛利勝永の軍が小笠原軍の側面を突いたため、部隊は混乱に陥りました。秀政・忠脩父子は馬上で槍を操って奮戦しましたが、忠脩は馬上から槍で突き落とされ、落命しました。秀政も重傷を負い、その夜、絶命しました。

毛利勝永とは、森吉政、つまり、第三話で登場した小倉城主森吉成（毛利勝信）の子どもです。関ヶ原の戦いの敗戦後、父親とともに土佐の山内一豊に引き取られていました。山内家では厚遇されていたようですが、大坂城が風雲急を告げたため、土佐を脱け出して入城したのでした。真田信繁（幸村）、後藤又兵衛、明石全登《てるずみ》、長宗我部盛親とともに大坂城五人衆に数えられています。後藤又兵衛は第四話のように細川忠興の支援で黒田藩を出奔した男です。又兵衛は黒田長政の妨害工作のため他家に仕官することが叶わず、放浪の末、大坂城に入城していたのでした。

毛利勝永は小笠原軍に壊滅的な打撃を与えました。元小倉城主の子が、未来の小倉城主を追い詰めるという歴史の皮肉ですね。

江戸時代中期の歴史家である神沢杜口《かんざわとこう》は、著書『翁草』の中で「惜い哉後世、真田を云《いい》て毛利を不云《いわず》」と書いています。後世の人は真田幸村（信繁）ばかりを話題にして毛利勝永のことを語らないのは惜しいことだと、勝永の人気がないことを嘆いているのです。

毛利勝永の最期ははっきりしていません。豊臣秀頼を介錯したという説もあります。

かろうじて生き残った小笠原忠真は七か所の傷を被りました。戦後、徳川家康に二条城で拝謁したとき、家康は忠真の傷を指差し、「わが鬼孫なり」と叫んだといわれています。

将軍徳川秀忠は小笠原秀政・忠脩の功に報いて、忠真に家督を継がせ、播磨国《はりま》（兵庫県）明石十万石を与えました。

宮本武蔵が明石の街割り

明石を拝領した小笠原忠真は船上《ふなげ》城に入りましたが、将軍徳川秀忠から新たに明石城の建設を命じられました。すでに一国一城令が出ており、異例のことです。秀忠は明石城を築いて、姫路城とともに、岡山の福島、長門の毛利、薩摩の島津などの外様大名を牽制する防衛拠点にしようと考えたのだと思われます。

徳川秀忠は明石城築城責任者に隣地の姫路藩主本多忠政を指名しました。忠政は徳川四天王のひとり本多忠勝の子どもで、小笠原忠真の明石拝領と同時期に姫路十五万石を拝領していました。

本多忠政は小笠原忠真の義父に当たります。実をいうと、忠真の妻は大坂の陣で戦死した兄の忠脩の妻だったのです。まさに、お下がりを押し付けられたわけです。しかし、忠真という藩主は、正直で穏やかな人物だったようです。後に、亡兄の子長次が元服すると、幕府に対して長次に藩主を譲ると言い出したのでした。秀忠はそれを認めず、長次には新たに播磨国内に龍野《たつの》六万石を与えました。

国家プロジェクトとしての城を築き、町割りも終えた小笠原忠真は、次に驚きの人事を断行します。宮本伊織という小姓上がりの二十歳の若者を、家老に大抜擢したのです。この宮本伊織、なんと宮本武蔵の養子なのです。

巌流島の決闘後の宮本武蔵の行方を追ってみましょう。武蔵が記録に現れるのが、大坂の陣です。徳川方の水野勝成の陣に客将としていたことが確認されています。勝成は徳川家康の従兄弟でありながら、全国を放浪した変わり種です。武蔵と勝成がどこで出会ったかは分かりませんが、放浪癖のある二人は意気投合したのかもしれませんね。

大坂の陣が終わった後、宮本武蔵は水野勝成家臣の中川志摩之助の子である三木之助を養子にしました。武蔵と三木之助は姫路藩に出向きました。三木之助は藩主本多忠政の子忠刻《ただとき》に出仕しました。忠刻の妻は、大坂の陣で大坂城から脱出した（させられた）千姫です。武蔵自身も客分として姫路で暮らしたようです。武蔵の生まれ故郷である米堕村は姫路藩領にあり、本多氏にとっては土地勘のある武蔵に期待するものがあったのかもしれませんね。

本多忠政が明石城の奉行となったため、宮本武蔵も明石へ同行し、町割りを担当するようになりました。武蔵はまた、寺院の庭の設計などにも取り組みました。明石市内の善楽寺（円珠院）と本松《ほんしょう》寺には宮本武蔵作と伝えられる庭が残っています。

宮本武蔵、剣客から都市計画プランナーやアーティストへと華麗な転身です。

ところが、寛永三年（一六二六）、本多忠刻が死去します。すると、家臣であった宮本三木之助が殉死してしまうのです。失意の武蔵は本多家を離れ、小笠原家に身を寄せます。このとき、米堕村にいた甥の田原貞次を養子にし、宮本伊織と名乗らせて、藩主小笠原忠真に小姓として出仕させます。

その伊織がわずか五年の間に、家老へと驚くべき大出世を果たしたのでした。時代は戦国時代から太平の世へと移ろうとしていました。戦《いくさ》働きが出世の条件だった時代が終わり、平和裡に藩経営を行う人材が求められていました。宮本伊織にはそうした能力があったのでしょう。もちろん、「後見人」である宮本武蔵の影響力も大きかったでしょうが。

小倉十五万石の藩主となる

小笠原忠真は寛永九年（一六三二）、明石十万石から豊前国小倉十五万石に転封になりました。

加藤忠広（清正の子）が肥後一国五十二万石を取り潰されたことにより、小倉藩主細川忠利が肥後一国に移りました。それに伴い、細川氏の旧領のうち豊前国に入ったのが、小笠原忠真です。玉突き人事ですね。忠真は豊前六郡（企救・田川・京都・仲津・築城・上毛）十五万石を得て小倉城を居城としました。忠真の甥で、龍野六万石の長次には中津八万石が与えら

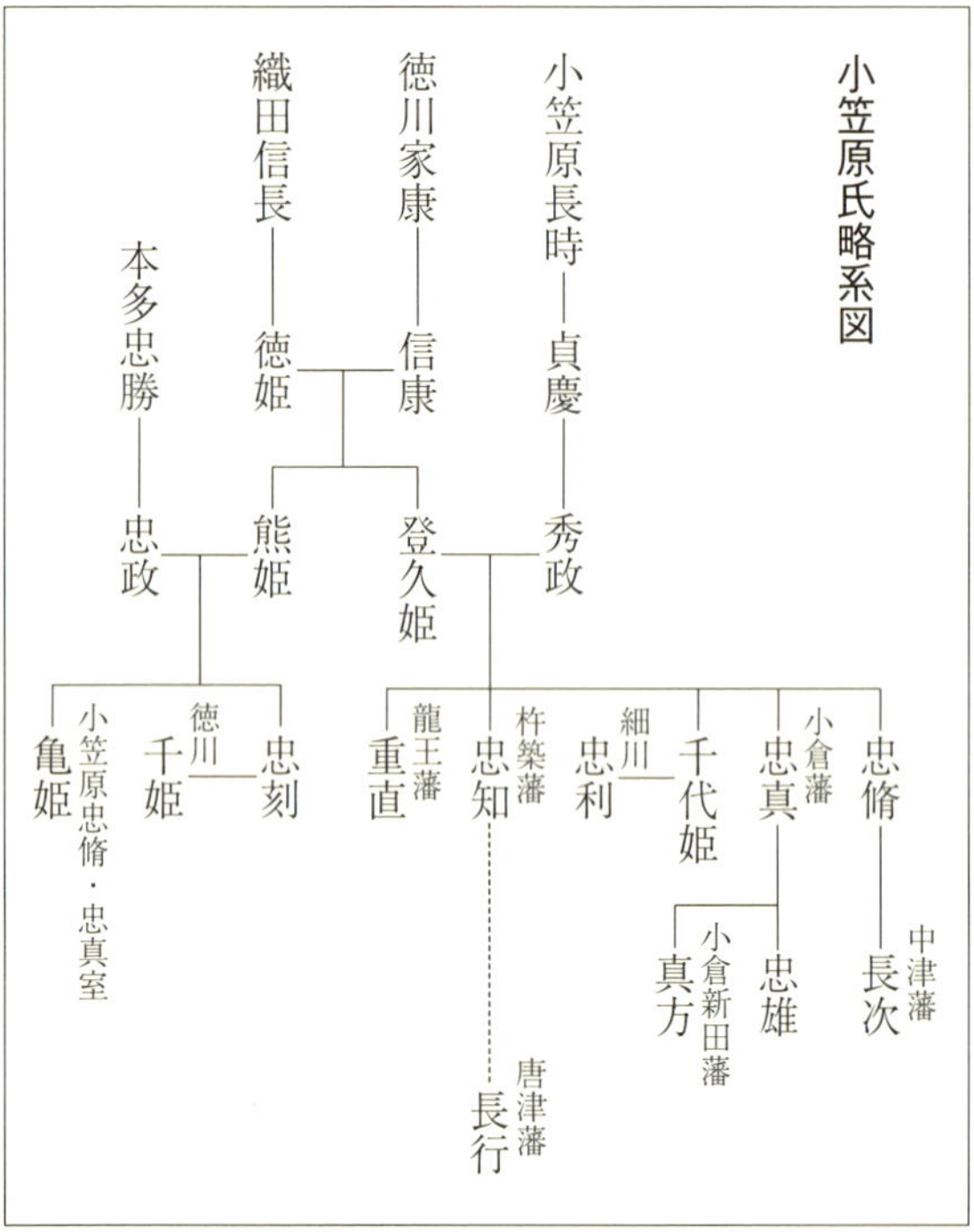

れました。忠真の弟の松平重直には宇佐龍王三万七千石、同じく弟の小笠原忠知には豊後杵築四万石が宛がわれました。まさに一族そろっての転勤です。合計の石高は三十万石を超えます。

将軍徳川家光が小笠原氏を小倉に入れたのは、「九州探題」としての役割を期待したからです。小笠原氏入部当時の九州は島津氏、黒田氏、細川氏など有力な大名のほとんどは外様でした。さらに、関門海峡をはさんで蟠《ばん》踞《きょ》する毛利氏がいます。小笠原一族は譜代大名として外様大名の監視が期待されていたのです。

明石城を西国への防衛拠点と考えていた幕府は、この頃になって政治的安定に自信を持ち、信頼する譜代大名の小笠原家を九州に動かしたのでしょう。いよいよ、徳川商事直営の九州支店開設といったところでしょうか。

去っていく細川氏と入ってくる小笠原氏は親戚関係にありました。細川忠利の妻千代姫は小笠原忠真の妹です。藩主同士が義理の兄弟になっていました。このため、小笠原氏のお国入りはスムーズに行われました。忠利は、いざというときのために小倉城に蓄えていた炭や薪をすべて残していく心遣いを見せました。細川忠興が小倉に入ったときとはえらい違いですね。両藩の親密な関係は幕末まで続きます。

小笠原忠真は寛文七年（一六六七）、七十二歳で天寿を全うします。父と兄の分も生き抜いた生涯でした。

■第七話

宮本伊織、武蔵の顕彰碑を建てる。

北九州市小倉北区赤坂の小高い丘陵の上に手向山《たむけやま》公園があります。そこに高さ四・五メートルの大きな石碑が建っています。承応二年（一六五三）、小倉藩家老宮本伊織が養父の宮本武蔵の業績を称えるために建てた顕彰碑です。武蔵が死去してからわずか九年目のことです。石碑には端正な文字が丁寧に刻み込まれています。その数、千百十一字。武蔵の生涯を描いています。

宮本武蔵に関する史料のほとんどは十八世紀以降に書かれたもので、史料価値に疑問符が付いている場合が多いのですが、この碑文は、ほぼリアルタイムで書かれたものであり、さらに、誰でも読むことができるよう情報公開されているのです。『小倉碑文』と呼ばれており、武蔵研究には欠かせない、まさに一級史料と言えます。

では、なぜ宮本伊織は、顕彰碑を建て、養父の人生を刻んだのでしょうか。

慶長十七年（一六一二）に人生の潮目を迎えた宮本武蔵が、二十年後、再び小倉に来ます。武蔵の後半の人生と、養子伊織との関係に迫ります。

五十歳にして兵法の道に会う

話は、宮本伊織が藩主に従って小倉に入る寛永九年（一六三二）に遡ります。

小倉への転勤に伴って、宮本伊織は実家の父母や弟などの田原一族も連れてきました。伊織の母（理応院）は、実家が戦乱に巻き込まれた経験から、子どもたちを武士にすることを嫌がっていたといわれています。実際、伊織の弟の玄昌は母の実家である小原家を継ぎましたが、武士にならず、医者になっています。そんな母の思いを受けて、伊織は家族を大切にしていたのでしょう。そこには、戦乱から太平へと移る際の新しい武士像を垣間見ることができますね。

宮本武蔵もまた、小倉にやってきます。舟島での後味の悪い戦いから二十年後です。まさか、また小倉に来るとは思わなかったでしょう。二十年前は一介の武芸者でしたが、今度は家老の御父上と、立場も大きく変わっています。

小倉に来て武蔵が最も驚いたのは、舟島が「巌流島」と呼ばれていたことではないでしょうか。複雑な気分だったと推測できますね。

宮本武蔵は後に書く『五輪書』（『定本五論書』より引用）の中で次のように書いています。

我、三十を越へて跡をおもひみるに、兵法至極してかつにはあらず。をのづから道の器用有りて、天理をはなれざる故か、又は他流の兵法不足なる所にや。その後、なほもふかき道理を得んと、朝鍛夕錬してみれば、をのづから兵法の道にあふ事、我五十歳比《ころ》也。

三十歳、つまり巌流島の決闘を終えた後、武蔵は、これまで勝ってきたのは兵法の道を極めたからというわけではなく、たまたま自分が器用であったか、相手が弱かったからだと冷静に分析しています。そして、より深い道理を得ようと「朝鍛夕錬」したところ、五十歳の頃になって、自《おの》ずから「兵法の道」を会得《えとく》したと書いているのです。

五十歳とは、ちょうど小倉に来た頃です。ということは大坂の陣の体験、明石時代の都市計画プランや作庭という芸術活動などを行ったことも、「兵法の道」につながったということなのです。

小倉時代の宮本武蔵はどんな日々を過ごしたのでしょうか。一時、江戸に出たという説もありますが、基本的に八年間にわたって小倉に住み続けます。田川郡で剣術を教えていたという伝承もあります。小倉生活六年目の寛永十五年（一六三八）には、島原の乱に出陣しています。宮本伊織が小倉藩の総大将として指揮をするのですが、史料によると、武蔵はお隣の中津藩から出陣しているのです。藩主の小笠原長次には戦の経験がありません。小笠原忠真は甥を思って、経験豊富な武蔵を派遣したのではないでしょうか。

小笠原忠真の一族を思う誠実さを感じますね。忠真と伊織には共通する家族愛を感じますし、それが伊織の出世の一因かもしれません。時代の違いもあるでしょうが、家族内でいがみ合った細川家とは対照的ですね。

両雄、同時に相会す

島原の乱から二年後の寛永十七年（一六四〇）、宮本武蔵は小倉に別れを告げ、細川忠利の招きで熊本に移ります。忠利は、小倉城主だった忠興の三男にして、初代熊本藩主です。

宮本武蔵はなぜ熊本に行ったのでしょうか。伊織の一族にも囲まれて穏やかな日々を過ごしてきたはずの武蔵ですが、やはり、最後は孤高の剣士として終わりたいという願いがあったのかもしれません。

細川藩で厚遇された宮本武蔵は、三年後、還暦を迎えたのを機に、金峰山《きんぽうざん》中腹の洞窟霊巌《れいがん》洞《どう》に一人籠《こも》って、『五輪書』を書きました。『五輪書』は武蔵が自らの経験を踏まえて、武士たる者がどう生きるべきかをまとめた書物です。

宮本武蔵の小倉時代は、明石時代の都市計画プランナー・アーティストから、「哲学者・作家」へと変わるための準備期間だったのです。小倉の穏やかな時間の中で『五輪書』の構想が練られていたに違いありません。武蔵は巌流島の決闘が第一の潮目となり、二十年後、再び小倉の地で第二の潮目を迎えたのでした。

『五輪書』の特徴は、たいへん分かりやすい文章で書かれていることです。普通、兵法書は「奥義秘伝」というように、容易には人に伝えない奥深く神秘的なものという印象がありますが、武蔵の『五輪書』は誰にでも分かるよう平易な文章で書かれており、多くの人に読んでもらいたいという思いが伝わってきます。

『五輪書』は地・水・火・風・空の五巻からなっています。最初の地の巻では、それぞれの巻がどのような内容なのかを予告しています。いわばリード文を書いているのです。

地の巻で「此書を作るといへども、仏法・儒道の古語をもからず、軍記・軍法の古きことをもちひず」と書いています。古典に頼らず、引用もしませんと宣言しています。そして、「兵法の利にまかせて、諸芸・諸能の道をなせば、万事において我に師匠なし」と言い切ります。宮本武蔵が剣だけでなく、町割りや作庭、絵の創作などをやってきたのは決してマルチタレントだとか多様性だとかということではなく、兵法の道を探る一環だったのです。ですから、すべてに師匠を持たず、つまり人の真似をせず、ストイックに自分の道を進んできたのです。

『五輪書』の記述の特徴は表現が極めて具体的だということです。例えば、武将の在り方を大工に譬《たと》えて言及しているところがあります。棟梁は大工を使うとき、「其上中下を知り人をみわけてつかう」べきと書いています。つまり、適材適所の重要性を分かりやすく説いているのです。大工に例えたのは、武蔵が明石藩で町割りを指揮したときの経験が生かされているのかも知れませんね。

こうした分かりやすさや潔さこそが、『五輪書』が現在でも、多くの人に愛されている所以《ゆえん》ではないでしょうか。

さて、宮本武蔵といえば「二刀流」ですが、これについては次のように書いています。

二刀と云出す所、武士は将卒ともに、ぢきに二刀を腰に付る役也、（中略）一命を捨る時は、道具を残さず役にたてたきもの也

二刀を使うべきということよりも、せっかく刀を腰に二本差しているのだから使わないと損でしょう、というニュアンスだと思います。道具の使い残しがあってはベストをつくしたことにはなりませんよ、というメッセージです。妙な観念が入る余地のない徹底したリアリズムですね。

宮本武蔵は病を得て城下に戻ってからも、『五輪書』の仕上げに没頭します。そして、正保二年（一六四五）五月十二日に、草稿のまま、弟子の寺尾孫之丞に渡しました。出来上がったというよりも、死期を感じ取ったからではないでしょうか。その日、身辺の始末をつけた後、遺書とも言える『独行道《どっこうどう》』を記しています。これは、自分の生き様を二十一のフレーズにまとめたものです。例えば、「我事において後悔せず」、「仏神は貴し、仏神をたのまず」などです。仏神にも頼らず、後悔もしないというのですから、何とシンプルで強い生き様なのでしょう。

一週間後の五月十九日、静かに息を引き取りました。

それから九年、宮本伊織は自らの領地である手向山《たむけやま》に武蔵顕彰の碑を建てました。碑の頭冠部には「天仰　実相　円満　兵法　逝去　不絶」と書かれています（現代語訳＝天を仰ぐに、実相円満、完全な兵法は、時が過ぎ去っても絶えない　永遠である）。

『五輪書』には巌流島の決闘のことは一行も書いていませんが、『小倉碑文』（『宮本武蔵研究論文集』読み下し文を引用）には次のように記しています。

長門と豊前との際、海中に嶋有り。舟嶋と謂ふ。両雄、同時に相会す。岩流、三尺の白刃を手にして来たり、命を顧みずして術を尽くす。武蔵、木刃の一撃を以て之を殺す。

電光も、猶遅し。故に俗、舟嶋を改めて岩流嶋と謂ふ。

決闘からわずか四十二年しか経っていません。つまり、まだ、当時のことを知っている人もたくさんいたでしょう。誇張や嘘は書けないと思います。

この中で、最も印象に残るのが、「両雄、同時に相会す」と書いていることです。つまり、宮本武蔵が遅参したことを明確に否定しています。しかし、あえてそれを書くというのは、当時、小次郎贔屓《びいき》が多くて、「武蔵卑怯説」が城下に蔓延《まんえん》していたのかもしれませんね。

なお、公園の近くに、宮本家の墓があります。宮本伊織の墓を中心に歴代の宮本家当主の墓が並んでいます。宮本家は、途中、小笠原家から養子を迎えるなど、別格の家として幕末まで続きました。

宮本武蔵は、「剣」を熊本に残し、「家」を小倉に残したのでした。

■第八話

石原宗祐、九十四歳まで働く。

高齢化が止まりません。平成二十九年（二〇一七）の平均寿命（「厚生労働省作成簡易生命表」より）は男性が八一・〇九歳、女性が八七・二六歳。五十年前の昭和四十二年（一九六七）が男性六八・九一歳、女性が七四・一五歳ですから、その伸びは驚異的です。

織田信長は『敦盛』の「人間五十年」を好んで吟じましたが、今や「人間九十年」といってもおかしくありませんね。学校を出て会社に入って定年まで働いて、後は余生を過ごすという人生設計は、もはや通用しなくなりつつあります。余生が長すぎるのです。人生の途中でシフトチェンジが必要になります。

宮本武蔵が「兵法の道」に会い、『五輪書』執筆へと舵を切ったのが五十歳。伊能忠敬が隠居して、測量という第二の人生に移ったのが四十九歳です。いずれも当時としては高齢部類に入ると思います。

ところが、上には上がいます。八十二歳で新たなミッションを始めた男が小倉藩にいたのです。その名は石原小左衛門秀豊。号の宗祐《そうゆう》のほうが有名ですので、以下、石原宗祐と統一して記載します。

飢饉を経験し新田の開発をめざす

JR門司駅は、関門トンネルが完成する昭和十七年（一九四二）まで大里《だいり》駅と呼ばれていました。駅の付近は江戸時代までは大里村でした。大里村は延享年間（一七四四〜四八）までは内裏《だいり》村と書かれていました。平家が都落ちした後、この地に御所を建てたという故事にちなんだ地名です。ちなみに、大里駅が門司駅になるまでは、現在の門司港駅が門司駅でした。なんだか複雑ですね。

石原宗祐は宝永七年（一七一〇）、企救郡内裏村庄屋だった石原重政の子として生まれました。宗祐が二十三歳のとき、享保十七年（一七三二）の大飢饉が起こります。この飢饉は、天明、天保と並ぶ江戸時代三代飢饉の一つといわれています。この年は、西日本各地で梅雨からの長雨が二か月続き、ウンカなどの害虫が大量発生しました。このため、米が取れない凶作となりました。

小倉藩士の小島礼重《よししげ》が書いた『鵜の真似』には、「六月末に至り虫気甚だしく（中略）、長稲の根より葉までひしと取付き、喰い申候故、一夜の内に草田枯果て申候」とその惨状が描かれています。虫が稲の根から葉まで食い荒らして、一晩で稲が枯れたというのです。開善寺（くわしくは第九話）の記録では、藩内の餓死者は四万六千余人となっています。これが事実だとすれば、「農村人口の四人に一人が死亡したという計算」（『北九州市史 近世』）になるそうです。この記録では、石原宗祐の父が庄屋を務める内裏村でも百四十一人が亡くなっています。

石原宗祐は元文二年（一七三七）に庄屋職を引き継ぎました。飢餓の地獄絵を目の当たりにした宗祐は、とにかく米を増産し、備蓄米を増やすべきだと考え、村内の荒れ地を開墾して新田を開発しました。しかし、開墾する土地には限りがあります。さらに多くの土地を確保するには海岸を埋め立てる必要があると考えました。ただ当時の技術では海が遠浅でなければ埋め立ては困難でした。

石原宗祐が目を付けたのが猿喰《さるはみ》村でした。企救郡の東側、周防灘に面した村ですが、埋め立てに適した遠浅の入江があったのです。

宝暦七年（一七五七）、石原宗祐は庄屋職を息子に譲り、藩の許可を得て、自費で干拓に専念します。このとき、四十八歳。仕事を超えた第二の人生の意義を見出したのでした。

干拓はまず、湾の入口に石を沈めて堤防を造ります。しかし、地盤が軟弱だったためか、石が積み上がらず、工事は困難を極めました。そこで、石原宗祐は数十隻の古い漁船を買い集め、それに岩石を満載して舟ごと沈めました。大胆なアイデアによって堤防が完成しました。次にやらなければならないのが潮抜きです。水田にするためには海の塩分を除去しなければなりません。宗祐は堤防の両端に二基ずつ「潮抜き穴」と呼ばれる樋門を造り、潮の満ち引きを利用して塩分を抜いていったのです。

宝暦九年（一七五九）、約三十三町《ちょう》（約三三・七ヘクタール）の新開地が完成しました。ここで作られた米は備蓄米として保存されました。半世紀後の天明の飢饉の際も、備蓄米のお蔭で、この付近からは餓死者が出なかったと言い伝えられています。

さて、小倉藩では第三代藩主小笠原忠基《ただもと》が宝暦二年（一七五二）に病死したため、六男の忠《ただ》総《ふさ》が家督を継ぎ、第四代藩主になりました。二十六歳です。

小笠原忠総が藩主になった頃、小倉藩は危機的な財政難に陥っていました。宝永四年（一七〇七）の富士山大噴火後、幕府は救済のための御用金を各藩に要求し、小倉藩も莫大な金額を納めました。また、正徳二年（一七一二）には寛永寺新仏殿の普請が命じられ、多額の出費を余儀なくされていました。さらに、小倉藩は幕府から清国の密貿易船の追い払いを命じられており、その費用もかさみました。一方、収入の面では、延宝、享保と飢饉が続き、年貢の収納が激減していました。

財政破綻を克服しようと焦る小笠原忠総は、安永六年（一七七七）、一人の人材を見出します。犬甘《いぬかい》兵庫、二十五歳。「経済の才」（『豊前人物誌』）がある人材です。忠総は兵庫を家老に指名し、財政改革を託しました。兵庫は財政支出を徹底的に切り詰めるとともに、紫川上流両岸の埋め立てなどを行い、米の増産を図りました。

八十七歳で曽根干拓事業に着手

犬甘兵庫が家老になって二十年が経ちました。不断の改革を続け、藩の財政は改善されてきましたが、兵庫はさらに、米の増産をめざして大規模な干拓を計画します。曽根の海岸を埋め立て、新田を開発するというビッグプロジェクトです。しかし、紫川の埋め立てなどとは規模が違います。簡単にできる事業ではありません。事業を担う人材を探していた兵庫は一人の男に注目します。

石原宗祐です。犬甘兵庫は猿喰新田での実績を評価して、宗祐を責任者に据えようとしました。しかし、宗祐、このときすでに八十歳を超えていました。五十歳で猿喰新田開発という大事業を終えた宗祐は、当然のように隠居し、大里村で余生を送っていました。高齢の宗祐が固辞したのは想像に難くありません。そもそも、工事の現場監督に就職するということではないのです。費用を折半、つまり、工事費の半分は持ち出しという条件がついていたのです。固辞して当然でしょう。

しかし、結局、石原宗祐はこの仕事を受けます。米を増産して、人々を飢餓から救いたいという使命感は、年齢からくる健康不安を超えたのでした。

寛政八年（一七九六）、八十七歳になった石原宗祐は事業に着手しました。しかし、曽根の広大な海を埋め立てるという大事業の困難さは、猿喰の比ではありませんでした。築くべき堤防の長さが半端ではありません。大波と強風が造りかけた堤防を壊していきました。

気が付けば七年の歳月が流れていました。享和三年（一八〇三）、ようやく曽根干拓が完成し、約八十五町（約八四・三ヘクタール）もの新田が出来上がりました。石原宗祐、九十四歳になっていました。

石原宗祐は犬甘兵庫と手を取り合って完成を喜んだと想像されますが、実は、そのとき、兵庫は牢屋にいたのです。この年の正月、蟄居を命じられ、企救郡頂吉《かぐめよし》村の牢につながれていました。

犬甘兵庫の改革は農民への締め付けが厳しかったため、農民が小倉城下に押し寄せて、強訴に及びました。兵庫はその責任を取らされていたのです。兵庫は再び世に出ることなく、獄死しています。ただ、兵庫が失脚した背景には、同僚だった家老の小笠原帯刀《たてわき》や二木勘右衛門との確執があり、権力闘争に敗れたという側面があったようです。

このお家騒動は有名だったようで、文化十三年（一八一六）には、奈河《ながわ》晴助が歌舞伎『濃紅葉《こいもみじ》小倉色紙《おぐらしきし》』を書き、大坂浅尾徳三郎座で上演されています。この物語では、犬甘兵庫をモデルにした犬神兵部が小笠原家の乗っ取りを企む悪役として登場します。さらに、明治に入ると、勝能進《のうしん》・諺蔵《げんぞう》親子によって『小笠原諸礼忠孝《おがさわらしょれいのおくのて》』が書かれ、市川猿之助などによって演じられました。

悪役としてブレイクしてしまった犬甘兵庫と対照的に、石原宗祐のその後は静かなものでした。宗祐は文化三年（一八〇六）六月、九十七歳の生涯を閉じました。遺族に残されたのは借金だけでした。この事業のために石原宗祐が負担したのは約七千二百両と伝えられています。石原宗祐が開拓した曽根新田にある綿都美《わたつみ》神社の境内に、地元の方々によって「宗祐頌徳碑」が建立されていますが、その碑文の中で宗祐の遺訓が紹介されています。

田に畠に　打出の鍬の　小槌かな

願い事を叶えてくれる「打出の小槌」は農作業に使う鍬である、つまり、夢を叶えるためには一攫千金《いっかくせんきん》などあてにせず、今日やるべきことを地道にやりなさい、という意味ではないでしょうか。九十四歳まで働いた、そして夢を叶えた石原宗祐にしか語れない、説得力のある言葉ですね。

■第九話

菱屋平七、中津街道を歩く。

小倉は橋の街です。紫川河口から約一キロ程度の間に十の橋が架かっています。橋には、実際の名前とは別に愛称が付けられています。河口側から、海の橋、火の橋、木の橋、石の橋、水鳥の橋、月の橋、太陽の橋、鉄の橋、風の橋、音の橋と続きます。

三番目の木の橋。本当に木で作られており、都市景観の中で異彩を放っています。江戸時代の橋が復元されたものです。常盤橋《ときわ》といいます。細川忠興が東曲輪を造成したときに架けた橋で、本丸のある西曲輪と結ぶ唯一の橋でした。

常盤橋は九州の日本橋といわれています。九州の街道の多くがこの橋を起点にしているのです。長崎街道、中津街道、門司往還などです。

元禄四年（一六九一）、江戸に向かうオランダ商館付の医師ケンペルが常盤橋を渡りました。彼は『江戸参府旅行日記』（『日本歴史地名大系』より引用）の中で「河には約二〇〇歩の長さの大橋を架し、奇異なる装飾を施せる鉄欄を四本の強き木柱を以て支えたり」と書いています。

その約百十年後の享和二年（一八〇二）四月二十日、一人の男が常盤橋を渡りました。二日間かけて中津街道を歩き、小倉藩領を縦断しました。今回はその旅人の物語です。

常盤橋から天守閣を望む

旅人の名は菱屋平七。尾張国で呉服問屋「菱屋」を営んでいましたが、四十歳のとき、息子に家業を譲って隠居し、享和二年三月に西へ向かって旅に出ました。尾張名古屋を発ち、京・大坂を経て、瀬戸内海を船で渡り、室積《むろづみ》（山口県光市）から陸行し、四月二十日、下関から小倉へ船で渡りました。

菱屋平七は紀行文『筑紫紀行』（『中・近世の豊前紀行記』より引用）に旅の様子を克明に記録しています。それによると、屋形舟一艘を九百文で借り上げ、赤間関（下関市）を出港しました。舟島についても「巌流島といふあり。此は世人のよく知れる剣術者の古跡なり。宮本武蔵の石碑、大裡（実際は赤坂）にありとぞ」と書いています。宮本武蔵や巌流島の決闘が尾張の商人にも知られていた、つまり、この時点で、宮本武蔵がメジャーであったことが分かります。

小倉に入った様子を、菱屋平七は次のように記しています。

午ノ刻頃長浜に舟着。小倉の入口なり。豊前ノ国小倉。小笠原右近将監殿御城下なり。此所は九州の咽喉なり。川口に番所ありて、出入舟の人数切手〔通行手形のこと〕を改む。川に入て一町計り行けば橋あり。欄干に鉄の擬宝珠《ぎぼし》をつけたり。橋を渡れば見付番所あり。これより内は城内にて、縦横の町あり。天守高々と見ゆ。

ケンペルが「奇異なる装飾」と書いたのは「擬宝珠」のことだったのですね。

何よりも感動するのは、常盤橋から天守閣が見えたことです。今は、見えません。リバーウォークという、直線と曲線が絡み合い、刺激的な色彩が競う巨大な建物に遮られています。ここには、NHK、朝日新聞、ゼンリンなどの大企業が入居しています。まあ、現在の「城」なのかもしれませんが……。

菱屋平七は中津街道を下ります。『筑紫紀行』を頼りに街道を歩いてみましょう。「町の出口に惣門あり」。この惣門が中津口門だと思われます。城下町と外部を区切る門は敵の攻撃を防御するため鍵型に曲がり、石垣で囲まれ、道路に直角に建てられていました。この門には高さ約四メートル、幅約五メートルの大石が使われていました。これが第四話で紹介した大石です。城に使うために運ばせていた大石が動かなくなったことに怒った細川忠興が、人夫頭の首を切ったという、いわくつきの大石です。

小笠原の世になり、この話を聞いた四代藩主小笠原忠総《ただふさ》は「二つに割って運べば命まで奪わずにすんだものを」と言ったそうです。この後、「細川の大石」、「小笠原の割石」と呼ばれました。

明治三十四年（一九〇二）、門が解体されると、大石は近くの高倉稲荷神社に移されました。さらに、平成十二年（二〇〇〇）に、高倉稲荷神社が八坂神社に合祀されたのに伴い、大石も同神社に移されています。

中津街道を歩く

中津口門を出ると城下町に別れを告げ、いよいよ街道を歩くことになります。

国道3号線を中津口信号で渡り、都市高速の真下を通って宇佐町から細い道へと入ります。正面に足立山が屹立しています。三〇〇メートル足らずで、正面の酒店を挟むように道が二つに分かれています。左に行けば、小笠原家の菩提寺である福聚寺《ふくじゅじ》へと向かいます。藩祖小笠原忠真が寛文五年（一六六五）に創建した黄檗宗《おうばくしゅう》の寺です。歴代藩主が眠っています。右に行くと中津街道が続きます。神岳《かんたけ》、熊本を経て、足原《あしはら》交番の先、池の前に「中津街道の跡」の看板が立っています。足原小学校の横を通り、県道湯川赤坂線に出ます。片道三車線の大動脈に街道はその風情とともに呑み込まれていきます。
湯川交差点の手前に、「開善寺参道入口」の看板が立っています。臨済宗妙心寺派の名刹は、かつては城内の馬借町《ばしやく》にありました。開善寺は小笠原貞宗によって建武二年（一三三五）に、信州で創立されました。明石、小倉と藩が移動するたびに移された由緒ある寺です。藩主が没すると棺は一旦開善寺に入り、その後、福聚寺に葬るのがしきたりだったそうです。この寺には、第八話で紹介した犬甘兵庫の墓や享保の大飢饉の餓死者の供養塔があります。幕末の小倉戦争で兵火に晒されて焼失、昭和三十六年（一九六一）に現在地に移転しました。
黒原《くろばる》、湯川を通って、曽根に出ます。ここから周防灘に面した海沿いの道になります。『筑紫紀行』では次のように記されています。

農家二十軒許り茶屋一二軒あり。是迄平道の大道なれど、小石多く甚行がたかりしに、是より縄手にかかりて浜手に出る道いとよし。北の方渚へ二丁許あり。周防の国を北に見、四国を南に見る。

それまで小石が多くて歩行が大変だったのに比べ、曽根では真っ直ぐな道（縄手）が浜までよく整備されている、と書いています。「渚へ二丁許《ちようばかり》あり」というところに注目しましょう。丁は長さの単位で、約一〇九メートルです。曽根の浜が干拓されていることを表しているのです。菱屋平七が歩く享和二年は、石原宗祐が進めた曽根干拓が大詰めになった年です。もしかしたら、平七は、九十歳を超えた鬼気迫る石原宗祐とすれ違っていたかもしれませんね。

さらに平七は歩きます。企救郡から京都郡に入ります。

TOTO朽網《くさみ》工場からほどなく、京都郡苅田《かんだ》町ですが、標識がなければ、いつ企救郡（北九州市小倉南区）に別れを告げたのは分かりません。

かつては、企救郡と京都郡の間には狸山《たぬきやま》がありました。狸山は山脈から突き出した腕が、あたかも郡境を塞ぐように、海岸近くまで延びていました。高い山ではありませんが、京都郡を出る人にも、京都郡に入る人にも、狸山峠を越えることで、郡を跨《また》ぐ実感を与えていたでしょう。山を削って国道が造られたのですが、削り残された山が海側に残っています。そこに「峠の茶屋二軒」があったと菱屋平七は書いています。

この峠は、慶応二年（一八六六）八月に長州藩奇兵隊を迎え撃つ戦場になりました（くわしくは第二十一話）。

六十年後にそんな動乱の時代が来るとは想像だにしない平七が歩きます。「郡境の印の石立り　従是《これより》西企救郡、従是東京都郡とあり」と書いています。この郡境標柱は現在でも、現地に建っています。風雪に晒されて劣化が進んでいますが、確かに歴史を今に繋いでくれています。

菱屋平七はこの日、峠を越えてすぐの京都郡苅田村の林田五郎左衛門という庄屋の家に泊まりました。この苅田村という地名を覚えておいてくださいね。第二十話で百姓一揆が勃発する地です。

二日目です。

歩き始めてすぐに、「道より東の方一里計り向ひの沖中に、みの島見ゆ。漁浜にて家居四五百もあるよしなり」と書いています。「みの島」は蓑島。第一話の蓑島海戦の舞台になったところです。蓑島は今は陸続きになっていますが、当時はまさに島です。江戸時代はこの島が防波堤の役割をして、沓尾《くつお》の港が栄えました。

菱屋平七は京都郡から仲津郡、築城郡、上毛郡とひたすら海沿いの街道を歩きます。

そして、小倉藩から中津藩に移ります。「細き川のあるより西を小倉の領とし、川向ひに三軒屋として家十軒計ある。これより東を中津の領とす」と書いています。この「細き川」はその名も御界川《みさかい》といい、歴史を留めています。

菱屋平七は、この夜、中津城下の万屋小左衛門の屋敷に泊まりました。

二日間で菱屋平七はどのくらい歩いたのでしょうか。平成二十八年(二〇一六)、小倉城から中津城まで歩くウォーキング大会が行われました。その距離は五二キロでした。

ところで、『筑紫紀行』を読んで感じることがあります。その内容は村々やその軒数や道路状況などを克明に描いており、物見遊山の紀行文としては何やら違和感があります。

菱屋平七、実は幕府の隠密だった、と感じるのは私だけでしょうか。

■第十話

小笠原忠固、大老をめざす。

縁起が良い言葉といえば、紅白。少し前まで、おめでたいことがあれば紅白餅や饅頭を配るのが慣例でした。

一方、縁起が悪いとされるのが、白黒。鯨《くじら》幕という白黒の縦縞の幕は、本来は慶事にも使われていましたが、現代ではお葬式の象徴になっていますね。

小倉藩では、文化十一年（一八一四）に白黒騒動というお家騒動が起こりました。それも、約三百六十人もの藩士が一時的に脱藩するという大騒動です。なぜ白黒か。何が白で、何が黒か。種明かしは最後にするとして、この白黒騒動は幕末の小倉藩を暗「黒」の歴史に引きずり込む、縁起の良くない事件だったのです。

将軍の代理を務める

安志《あんじ》藩という藩をご存じでしょうか。播磨国宍粟《しそう》郡（兵庫県宍粟市ほか）にある一万石の小さな藩です。藩主は小笠原一族です。中津藩の小笠原氏が享保元年（一七一六）、無嗣断絶により改易されますが、幕府は死去した藩主の弟に一万石を与え、新たに安志藩を立藩させました。

小倉藩四代目藩主の小笠原忠総は跡継ぎに恵まれなかったため、安志藩二代藩主小笠原長《なが》逵《みち》の三男忠苗《ただみつ》を養子に迎えました。ただ、長逵は小倉藩三代藩主忠基の次男で、安志藩に養子に入っていましたので、何やら複雑ですね。

ところが、五代藩主となった忠苗にも子どもができる見込みがありませんでしたので、再び、安志藩から後継者をとることになり、安志藩三代藩主小笠原長為（長逵の子）の子、忠《ただ》固《かた》を養嗣子としました。

小笠原忠固は長為の最初の男子でしたが側室の子だったため次男とされ、部屋住みとして長く無為に過ごしていました。突然、運命が開け、寛政六年（一七九四）、二十四歳にして十五万石小倉藩主の養嗣子となったのです。十年後の文化元年（一八〇四）七月二十日、忠固は養父忠苗の隠居により小倉藩第六代藩主となりました。

三年後、小笠原忠固は、幕府から朝鮮通信使正使の接待役を命じられました。朝鮮通信使とは将軍の代替わりのたびに、李氏朝鮮の国王が将軍に国書を手交《しゅこう》するため江戸に派遣する使節のことです。しかし、徳川家斉《いえなり》が天明七年（一七八七）に十一代将軍に就任した後、天明の飢饉があり、通信使の受け入れが延び延びになっていました。そこで、家斉は使節を対馬で応接することを決め、将軍の代理に忠固を指名したのでした。

両国の威信をかけた外交行事であり、接待は豪奢を極めました。

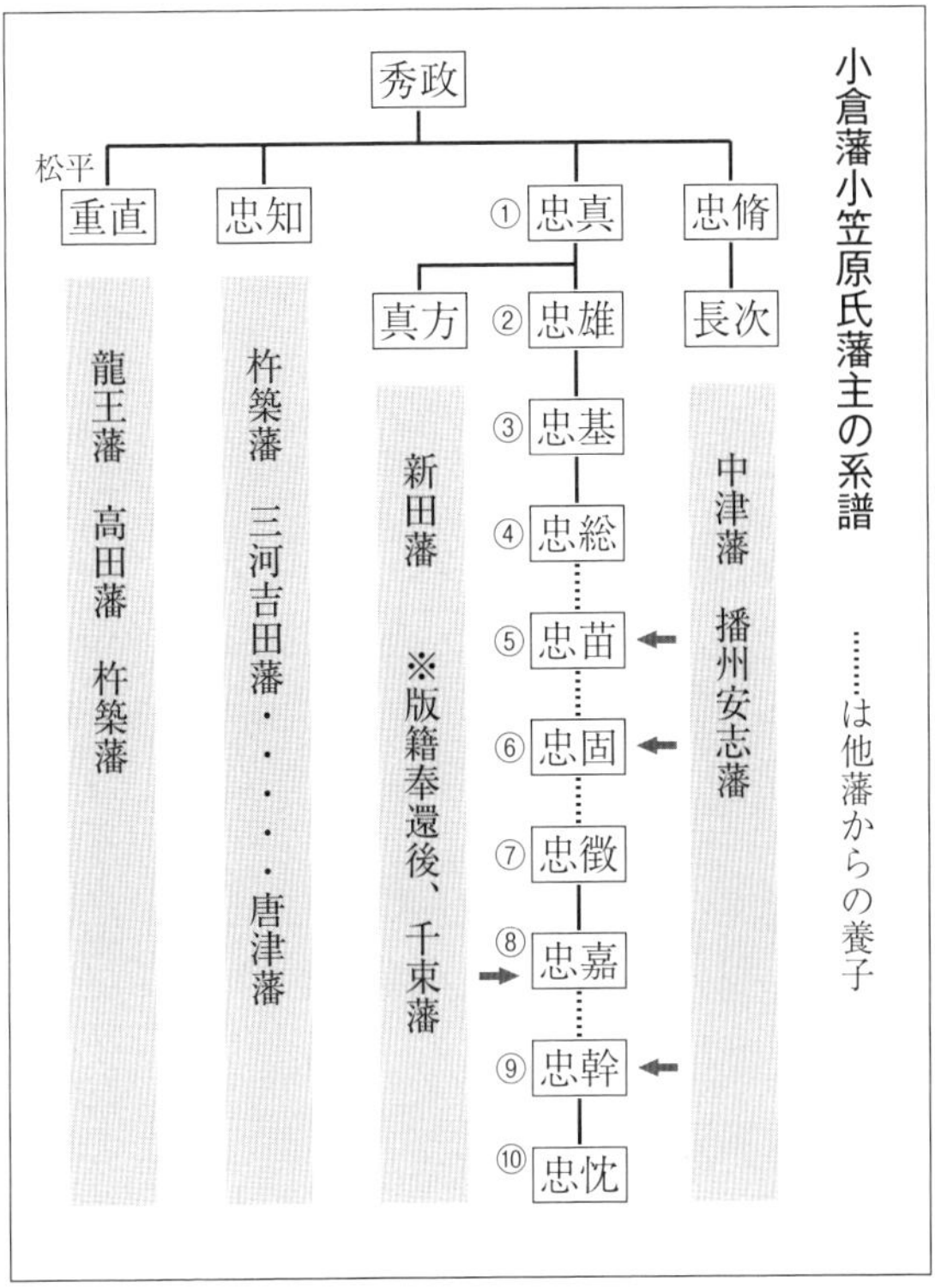

小笠原忠固にとって、小藩の部屋住みという地味な世界から、大藩の藩主となり、すぐに将軍の名代として外国使節と応対するという輝かしい栄誉を得たのです。有頂天になっても不思議ではありません。

「大老になりたい」

小笠原忠固が家臣につぶやいた一言から、小倉藩の苦難の道が始まりました。

大老とは老中の上に臨時に置かれる幕府最高の職で

す。大老になれるのは井伊、酒井、土井、堀田という特別に格式の高い譜代大名に限られていました。小笠原氏がその仲間入りをしようというのです。

とんでもない野望を抱いた小笠原忠固は江戸詰め家老の小笠原出雲に、大老になるための近道である溜《たま》りの間詰めの実現を命じました。

藩主が江戸城に登城したとき、その格式によって控えの間が違っていました。溜りの間とは正式には「黒書院溜之間」といい、この間に入れるのは、松平、保科《ほしな》といった親藩か、井伊、酒井など高い格式を持つ譜代大名、さらに老中経験者です。老中とともに、政務に参画できる権限がありました。

小笠原忠固は溜りの間より格式が低い譜代大名が入る帝鑑《ていかん》の間に詰めていました。溜りの間詰めになることが大老になるための近道だと、忠固は考えたのでした。

小笠原出雲は多額の出費を心配して反対しました。しかし、国許《もと》の四人の家老、小宮四郎左衛門、伊藤衛守、小笠原蔵人、二木勘右衛門は藩主に追従《ついしょう》し、出雲を説得しました。仕方なく受諾した出雲は、様々な方法で幕閣の幹部に働きかけました。そのたびに莫大な金銀を費消しました。

第八話のように、小倉藩では寛政期に犬甘兵庫が財政改革を断行し、藩庫には相当の蓄えがありました。しかし、兵庫が苦労して貯めた金銀も、幕閣への接待費用として散財し、瞬く間に底をつきました。

このため、文化十年（一八一三）には藩士に支給する俸禄米の一部削減が始まりました。当然のごとく、藩士の間に怨嗟《えんさ》の声が充満しました。家老に対し、突き上げが始まりました。犬甘兵庫の側近として改革を行った経験がある儒者の上原与市は、四人の家老に就官運動の取り止めを説きました。藩士の不穏な空気に怯えていた四人の家老は態度を変え、小笠原出雲に対して工作を中止するよう申し入れました。

三百六十人が藩を退去

小笠原出雲は激怒しました。そもそも自分は反対だったのに、四人の家老に説得されて就官運動を始めたのです。その彼らが鮮やかに掌を返したのですから、怒るのも当然です。小笠原出雲は反撃を開始しました。彼の右腕となって運動を進めていた中老の渋田見主膳《しぶたみしゅぜん》を家老に昇格させる画策をしました。その矢先、小倉城下の路上で、主膳が反対派の藩士たちによって斬り殺されてしまいました。

怒りが頂点に達した小笠原出雲は急遽、帰国しました。出雲は暗殺を恐れて道を変え、文化十一年（一八一四）十一月十五日の夜、ひそかに小倉城に入りました。藩主小笠原忠固と膝を詰めて策略を練りました。

翌日早朝、小笠原出雲は本丸に続く鉄《くろがね》門を閉ざし、藩士の登城を阻止したうえで四人の家老を同時に罷免しました。その他反対派の藩士も役職から放逐したのです。

藩内に激震が走りました。罷免されたことを知った四人の家老以下、約三百六十人の藩士は脱藩し、隣国筑前の黒崎宿に立て籠ったのです。

これを知って驚愕した小笠原忠固は、大目付の平林弥右衛門を説得の使者に立てました。しかし、弥右衛門は小笠原出雲寄りであったため、馬から引きずり降ろされ、ほうほうの体で逃げ帰ってきました。

そこで、中立派だった中老の島村十左衛門が直々に黒崎に乗り込みました。十左衛門は反対派の中心である小宮四郎左衛門と粘り強く話し合いました。四郎左衛門から小笠原出雲の罷免と、脱国者を元の役職に戻すことを要求され、それを呑んだのでした。城に戻って、藩主を説得し、了解を取り付けました。

十一月十八日、脱国者らは三日ぶりに帰国しました。

この事件は「白黒騒動」と呼ばれています。「白」は「城」を指し、「黒」は黒崎からとったものです。

翌文化十二年（一八一五）、小笠原忠固が参勤で江戸城に登城すると、すぐに幕閣から呼び出されました。幕府はすでにこの騒動を知っていたのです。忠固は百日の逼塞《ひっそく》を命じられました。黒組の役職者も再び免職となりました。この結果、藩の主要な役職は白組で占められることになりました。

文政三年（一八二〇）になって、脱藩の首謀者は上原与市ひとりということになり、上原は火刑に処せられました。全く残酷な話ですが、トカゲの尻尾切りが行われたのです。それで一件落着です。

しかし、藩内では「白」組と「黒」組がそれぞれ派閥化し、幕末に至るまで根強い対立が続くことになります。その対立が小倉藩の機動力を封じて、自ら苦境に陥っていく原因となるのです。

天保六年（一八三五）になって、小笠原忠固は溜りの間詰の宿願を果たしました。忠固は駄目押しの賄賂として関係者に五千両をばらまきました。それを捻出するため、領内の富農に献金を強要しました。その見返りとして、献金額に応じ、苗字帯刀を許し、また、大庄屋や庄屋の格式を与えるという身分の安売りを行ったのでした。

しかし、この年、井伊直亮《なおあき》が大老に就任し、忠固の野望は砕け散りました。ちなみに、井伊直亮は彦根藩十四代藩主で、その弟で養子の十五代藩主が桜田門外の変で名高い井伊直弼《なおすけ》です。

小笠原忠固の失意に追い打ちをかけるように、小倉藩に災難が降りかかります。天保八年（一八三七）正月四日、小倉城が火災にあったのです。細川忠興自慢の天守閣が焼け落ちてしまいました。

天保十四年（一八四三）五月十二日、小笠原忠固は江戸藩邸で息を引き取りました。享年七十三。実に藩主在職三十九年でした。

■第十一話

島村志津摩、蒸気機関車を見る。

歴史上、多くのライバルがいます。武田信玄と上杉謙信、西郷隆盛と大久保利通など。本書でも、毛利元就と大友宗麟、細川忠興と黒田長政、宮本武蔵と佐々木小次郎などを描いてきました。

ライバル、日本語で言うと「好敵手」です。『広辞苑』で引くと、「勝負事などで力量のつりあったよい相手」です。「よい」相手を得ることで、実力以上の力を発揮することもありますよね。

さて、本書も今回から幕末編に入ります。幕末の小倉藩を語るうえで欠かせないのが、二人のリーダー、島村志津摩《しづま》貫倫《つらとも》と小宮民部《みんぶ》親懐《ちかかね》です。二人は時に政敵としていがみ合い、時に同志として長州藩と戦いました。小倉藩のツートップとして藩を動かしていった宿命のライバルなのです。

まずは島村志津摩です（小宮民部は第十三話で）。

二十歳で家老になる

小笠原忠固の死後、次男の忠徴《ただあきら》が第七代藩主に就任しました。忠固の放漫経営を長く見てきた忠徴は、父を反面教師とするかのように、藩政改革に熱心に取り組みました。

小笠原忠徴は嘉永五年（一八五二）、弱冠二十歳の島村志津摩を家老に指名しました。

島村志津摩は天保四年（一八三三）、島村十左衛門の子として小倉城下で生まれました。十左衛門は第十話のように、白黒騒動を解決に導いた能吏です。

『小倉市誌』によると、島村志津摩は「容貌は婦女の如し」でしたが、「眼光烱然《けいぜん》、人を射る」、「性鋭敏果断」と表現されています。烱然とは鋭く光るという意味です。怜悧《れいり》なエリートの匂いがしますね。小笠原忠徴は志津摩の若さと果断さに、旧弊にまみれた藩の改革断行を託したのでした。

しかし、島村志津摩にとって、譜代藩の舵取りをするには、三つの弱点がありました。

一つは攘夷思想です。島村志津摩は藩の山鹿流兵学師範の青木政美《まさよし》の弟子でした。青木は単なる兵学者ではなく、国内外の情勢や時局に通じた尊王攘夷論者でした。譜代藩としては異色の論客です。その青木の薫陶を受けた島村志津摩が尊攘思想に理解を示すことは十分考えられますし、少なくとも周囲はそう見ていたようです。

次は家柄の問題です。島村家の先祖は、白石壽氏の『小倉藩家老 島村志津摩』によると、備前国《びぜん》（岡山県）邑久《おく》郡大ヶ島村の住人で、南北朝時代は、備前守護代の浦上氏の重臣でした。しかし、浦上氏が家臣の宇喜多直家の下剋上で滅ぶと、宇喜多氏の配下になります。その宇喜多氏も、直家の子秀家が関ヶ原の戦いで西軍についたため改易されます。島村氏も岡山を追われ、筑前国三笠郡に流れ着いて浪人生活を送りました。

島村氏に手を差し伸べたのが小笠原忠真でした。小倉に入封した際、島村氏を番頭格で召し抱え、さらに中老格で遇しました。

小笠原家では、家臣が信州以来の「信州組」、明石で召し抱えられた「明石組」、小倉に来てから仕官した「小倉組」で色分けされており、信州組、明石組から見れば、小倉組は新参者であり、格下として扱っていました。その家柄意識は幕末まで続き、藩の一体化を妨げます。

さらに、家族の問題がありました。島村志津摩の母は長州（萩）藩の支藩である長府藩の家老迫田伊勢之助の娘です。関門海峡を挟んで長州藩との確執が強くなったとき、島村志津摩に向けられた視線は厳しいものがあったことは想像に難くありません。

ペリーが上陸した横浜を警備

家老になった島村志津摩は、嘉永七年（一八五四）に歴史的な事件に遭遇します。ペリーの再来航です。ペリー一行が上陸した横浜村の警備を小倉藩が受け持ち、志津摩が陣頭指揮を執ったのです。

いきなり再来航といっても混乱しますよね。まずは、ペリー来航の話から始めましょう。嘉永六年（一八五三）六月三日、アメリカ東インド艦隊司令長官ペリーは四隻の軍艦とともに浦賀沖に現れました。旗艦「サスケハナ号」（約二四五〇トン）と「ミシシッピ号」（約一七〇〇トン）は外輪式蒸気船で、当時の世界では最も巨艦の部類に入る船でした。他の二隻は帆船でしたが歴《れっき》とした軍艦です。どの船も船体にコールタールが黒く塗られていました。これが「黒船」の所以です。

ペリーはフィルモア大統領の開国を要求する国書を持参していました。砲艦を背景にしたペリーの毅然とした態度に、幕府は抗《あらが》う術《すべ》がなく、六月九日、浦賀南方の久里浜《くりはま》に上陸を許し、国書を受け取りました。ペリーは回答を聞くために来春再訪すると言い残して、六月十二日、日本を去りました。

対応に苦慮した老中首座の阿部正弘は思い切ったことをします。ペリーが持参した国書を諸大名に公開し、要求を入れるかどうか諮問したのです。また、幕臣、陪臣《ばいしん》（家臣の家臣）、さらには一般民衆に対しても意見を求めました。二百五十年にわたって独裁体制を維持してきた幕府にとっては画期的なことでしたが、これが屋台骨を崩す契機になったことは否《いな》めません。

一方で、意見書を出した下級武士が抜擢されるきっかけになったのも事実です。特に、勝海舟が唱えた論には阿部正弘も注目しました。海防のためには、軍艦を造り、それを操作できる軍人を養成する学校を設置すべきであり、そのための費用は海外貿易によって稼ぐべきである、という論です。海舟は翌年一月十八日、異国応接掛付蘭書翻訳御用という役職につきました。その他、川路聖謨《かわじとしあきら》、岩瀬忠震《ただなり》、永井尚志《なおゆき》などが登用されました。

阿部正弘はまた、江川太郎左衛門に命じ、江戸湾沖合に七つの台場を建設させました。九月十五日には、大船建造の禁を解き、諸藩に軍艦の建造を求めました。また、水戸藩の徳川斉昭《なりあき》を幕政参与に迎え、尾張藩主徳川慶勝《よしかつ》や越前藩主松永慶永《よしなが》、さらに外様の薩摩藩主島津斉彬《なりあきら》、宇和島藩主伊達宗城《むねなり》らとの協調を図りました。

このように外様大名や幕臣を登用することは、溜りの間の譜代大名を刺激しました。第十話のように、小笠原忠固が莫大な金銀をはたいてまで入りたかった溜りの間です。この間に詰める大名は譜代としてのプライドが高いのです。その筆頭格が井伊直弼でした。

お待たせしました。いよいよペリー再来航の話です。

嘉永七年一月十三日、ペリーが再び来航してきました。ペリーは今度は七隻の軍艦を率いて来航、浦賀奉行の制止を無視して、神奈川沖に碇泊しました。奉行は浦賀沖まで戻るよう要求しましたが、ペリーは拒否。逆に、羽田沖まで北上しました。ここまで来ると、江戸の町から黒船が見えてしまいます。慌てた幕府は妥協を図り、神奈川宿近くの寒村、横浜村を提案しました。ペリーは了承し、神奈川沖に戻りました。幕府は、浦賀の久里浜に設《しつら》えていた応接所を解体し、横浜村に移しました。

小倉藩は幕府から信濃国松代《まつしろ》藩とともに横浜警備に当たるよう命じられました。

小笠原忠徴は御警備御用掛という部隊を編成し、島村志津摩を総奉行に据えました。実は、忠徴は前日に志津摩を勝手方引受家老に任命していました。勝手方引受家老とは藩の財政を担当する家老で、五人の家老の中でも首座に位置していました。その上で、志津摩に大坂行きを命じていました。藩財政改革のために、大坂の商人と借金の支払いの交渉をさせるためでした。しかし、急遽、大坂出張を取り止めさせ、横浜行きを命じたのでした。幕府から命令された責任の重い仕事を任せられるのは、信頼している志津摩以外にいなかったのでしょう。

島村隊は二月六日に江戸屋敷を出発し、保土ヶ谷宿で一泊し、翌日、横浜村に近い太田村に到着しました。村内の東福寺を宿舎とし、交代で横浜に出向いて警備に当たることになりました。

松代藩との格差歴然

小倉藩と一緒に警備するのは松代藩です。松代藩は十万石の外様大名です。藩祖は真田信之。大坂の陣で戦死した真田信繁（幸村）の兄です。

この当時の藩主は真田幸貫《ゆきつら》です。松平定信の次男で、真田家に養子に入っていました。藩政改革に熱心で藩の中興の祖と呼ばれています。外様大名ながら老中に昇格し、海防掛を担当していました。

真田幸貫は海防掛になると、藩士の佐久間象山を海防顧問に抜擢します。象山は江川太郎左衛門に西洋砲術を学び、江戸で砲術や兵学の塾を開いていました。その門下生が多彩です。勝海舟、坂本龍馬、吉田松陰、宮部鼎蔵《ていぞう》、小林虎三郎、津田真道《まみち》、加藤弘之などです。

その佐久間象山が軍議役として兵を率いて横浜にやってきました。象山は「横浜陣中日記」（『佐久間象山』より引用）に、次のように書いています。

亜墨利加（アメリカ）人応接の仮屋をば江戸より十里西南横浜という所に建てられ、其警衛の為には御家と小倉の小笠原家より人数出すべき旨、おほやけより仰せ言あり。御家よりは二月六日四時に人数を出さる。銃卒四隊、隊毎に廿四人皆洋銃を執る

松代藩は一隊につき二十四人の四隊で、計九十六人全員が洋銃を持っていたのです。象山らによって訓練された兵は洗練された動きをしていたと思われます。

一方、小倉藩は先祖伝来の火縄銃が主体です。軍制も旧式なままです。

この頃、江戸では次のような川柳が流行《はや》りました。

小倉より用いて強し真田打ち

小倉は小倉織、真田打ちは真田紐のことです。それぞれ、小倉藩と松代藩の名産品です。軍制改革を行った松代藩を真田紐に譬《たと》え、旧態依然の小倉藩を小倉織に譬えて、民衆はその差を笑ったのでした。

さて、ペリーです。二月十日、将兵五百人を率いて上陸してきました。三十人の幹部とともに応接所に入りました。幕府と三度の交渉を経て、三月三日、日米和親条約の締結に至りました。その内容は箱館・下田の開港、薪水・食糧の供給、外交官の下田駐在の承認などで

す。

交渉の合間に、アメリカからの贈り物が陸揚げされました。その中で特に目を引いたのが蒸気機関車の模型でした。実物の四分の一の機関車・炭水車・客車各一両が組み立てられ、円形の軌道を走りました。

この蒸気機関車を島村志津摩も見たことでしょう。志津摩は西洋文明に触れて何を思ったでしょうか。

■第十二話

糸引きおたね、人気者になる。

幕末編では戦争や政変、テロ、自刃などの殺伐とした話が次々と展開されていきます。登場人物もほとんどが男性です。

しかし、今回だけは平和な話題をお届けします。主人公も女性です。それも、名もない農民の娘。ただ、この女性、意外な特技があったのです。

島村志津摩、帳面検査をする

横浜警備を終えた島村志津摩は国に帰り、早速、財政再建のための様々な改革に着手しました。改革のパートナーは四月に郡代に就任したばかりの河野四郎です。文政三年（一八二〇）生まれの三十五歳。藩校思永館に学び、学頭の矢島伊浜《いひん》に師事しました。小宮民部、香坂七郎右衛門、喜田村修蔵とともに「矢島門下の四天王」と称されていました。藩校思永館の教授として名を高め、嘉永元年（一八四八）に大目付に就任していました。

島村志津摩は殖産興業に力を入れました。藩に制産方を設け、生産技術の改良、製品の検査に藩が直接関わるようにしました。石炭、茶、米、櫨《はぜ》、楮《こうぞ》などの産物をすべて藩の会所で買い上げ、他藩への販路開拓に取り組みました。特に櫨から取れる生蠟《きろう》（ロウソクの原料）の生産・販売に力を入れました。郡代の河野四郎に生蠟方御用掛を兼務させて販路の開拓に取り組ませました。また、農・商人の直接売りも許可制とし、販売価格の二割を上納させました。

また、確実に年貢を取るために実施したのが、藩内の全庄屋の帳面検査です。「御米取立勘定諸帳面」などの帳面を提出させ、不正がないかの検査を行いました。

島村志津摩は各郡に二人ずつ調子方役《しらべかた》を置きました。いずれも大庄屋か子供役を充てました。調子方役を統括する総責任者である六郡吟味役には、企救郡津田手永大庄屋の中村平左衛門を任命しました。平左衛門は寛政五年（一七九三）生まれで、すでに還暦を超えていました。しかし、有能な大庄屋として名が通っていたので、島村志津摩が指名をしたのでした。

中村平左衛門は実に丁寧に日記をつけています。それは小倉藩の研究には欠かせない史料であり、福岡県文化財に指定されています。平左衛門の几帳面さが島村志津摩に気に入られたであろうことは容易に想像できますね。

検査は安政二年（一八五五）七月二十四日から島村志津摩の私宅で行われました。調子役方は城下の商人宅に下宿し、毎日、志津摩宅に通勤しました。

検査の結果、京都郡では救済のために下付すべき藩からの拝借米や予備の米を農民に配布せずに、村役人の手元に据え置いていたなどの不正が見つかりました。帳面に不審があった場合は、当人を呼び出し、厳しく詮議しました。

当初、私曲《しきょく》があっても咎めない、という約束で帳面を提出させていましたが、不正に激昂した志津摩は約束を無視し、京都郡の大庄屋四人全員を罷免しました。監督すべき筋奉行も解職させられました。

第十一話で島村志津摩を怜悧《れいり》なエリートと表現しましたが、ちょっと異常と思えるくらいの厳しさです。志津摩の潔癖な性格がライバルの小宮民部との対立につながっていくのですが、それは第十三話で。

糸引師匠おたね

さて、冒頭でお話しした女性ですが、中村平左衛門の日記の中に出てきます。たね、といいます。

物語は中村平左衛門の人事異動から始まります。帳面検査で陣頭指揮を執った平左衛門は、検査終了後、企救郡津田手永大庄屋から京都郡新津《あらつ》手永・延永《のぶなが》手永兼務の大庄屋に異動になりました。大庄屋の人事異動は珍しくありませんが、郡を超えての異動は異例でした。しかも平左衛門は高齢です。藩に対して辞退を申し入れましたが、認められませんでした。結局、気分がすぐれないときは津田の自宅に帰って養生してもよく、出張などは子供役を代理に派遣してもよいという条件を呑んで、平左衛門は異動を承諾しました。なお、津田手永は平左衛門の息子泰蔵が務めることになりました。

この異動は、不正が多かった京都郡に乗り込んで綱紀粛正に励め、という島村志津摩の指示だったと思われます。京都郡の残りの黒田・久保手永の大庄屋には、検査の京都郡調子方役であった末松七右衛門が子供役から昇格しており、志津摩と河野四郎が不正を許さない厳しい改革を志向していたことが分かります。

中村平左衛門は安政二年（一八五五）二月、京都郡に入ると、早速、手永内の庄屋の人事異動を行いました。両手永合わせて二十九村のうち、六村が異動になっています。検査結果を反映した人事だと思われます。村の庄屋といえば、地元の有力者というイメージが強いと思いますが、実際には定期的に人事異動がある官僚だったのですね。

新津・延永手永大庄屋になった中村平左衛門は、息子の泰蔵から、出雲国産の木綿織の糸引き技術が優れていることを聞きます。

小倉藩では、男子用袴地に使われる木綿織物の小倉織が生産されていました。小笠原氏が信濃にいた頃に山狩りに適した厚手の木綿織物が作られたのが始まりとされています。幕末の経済学者である佐藤信淵《のぶひろ》は『経済要録』の中で、「古来有名な綿布は豊前小倉と伊勢松坂」と記しています。

中村平左衛門は泰蔵と話し合って、出雲の技術を導入して小倉織の増産をめざそうと考えました。京都郡と企救郡からそれぞれ二名の婦女を選んで出雲に派遣することにしました。平左衛門は新津手永苅田村の「むら」と延永手永行事《ぎょうじ》村の「とく」を派遣することにしました。ところが、直前になって、「とく」に差し障りができたため、急遽、行事村の「たね」に変更します。企救郡からも下曽根村、上富野村の二人の女性が参加しました。四人は安政三年（一八五六）三月二日に出発しました。表向きは出雲大社参拝です。出雲では二週間にわたって糸引きの研修を積みました。一行は糸車、片輪車、綿繰車、錘《おもり》などの道具を買いそろえ、四月八日に戻りました。

中村平左衛門は「むら」と「たね」を役宅に招き、糸引き技術を披露させました。出雲流の糸引き技術は従来の小倉織の二倍の速さだったそうです。平左衛門の日記によると、むらは「いたって下手」で使い物にならなかったようです。一方、たねは非常に器用に糸を引いていきました。

代役にすぎなかった「たね」がヒロインになっていきます。中村平左衛門はたねの能力に驚き、彼女に自分で糸を引くだけではなく、人材育成も任せました。たねは手永内の各村に出かけては技術を教えていきました。当初は数人程度だったのが、徐々に増え、多いときは六十人にもなりました。教え方も上手だったのでしょう、評判が評判を呼び、福岡藩からも習いに来るようになりました。また、長州藩からも講師派遣の要請が来ました。このときは、たねの「弟子」である行事村の三人が出向き、お土産をどっさりもらって帰ってきました。

たねは、ついに、家老島村志津摩の自宅に招かれるようになりました。異例のことです。中村平左衛門にとっても誇らしかったに違いありません。平左衛門の日記を読んでいると、最初は単に「たね」と書いているのに、「糸引師匠たね」となり、ある時点から、「糸引師匠おたね」と「お」がつくようになりました。平左衛門とたねの関係が深まり、身分を超えた人間的な交流が生まれていったようですね。

中村平左衛門は十二月、桶屋に出雲流糸車を作らせ、たねに織り方を担当させ、新しい小倉織（小糸織と呼ばれたようです）の製品化を図りました。たねは指導者から商品開発のプロデューサーへと転身したのです。

しかし、思いのほか経費がかさみ、事業は赤字になったようです。翌年春には製造を取りやめてしまいました。その後の小倉藩は幕末の動乱に巻き込まれ、織物どころではありませんでした。たねのその後も分かりません。

小倉織は明治以降、旧制中学の夏の制服に使われるなど、昭和の初期まで需要がありました。たねが取り組んだ技術革新が、近代になって花開いたのかもしれませんね。

近年、小倉織は復興され、今では小倉の特産品として全国に発信されています。

■第十三話

小宮民部、リアリズムに徹する。

『山河の賦』という小説があります。旧小倉市生まれの作家、劉寒吉《りゅうかんきち》が昭和十七年（一九四二）に発表した歴史小説です。長州藩と戦った小倉藩を描いています。主人公は島村志津摩。颯爽とした武士らしい武士として描かれています。

戦後になっても、原田茂安の『愁風小倉城』や小川七郎の『甲冑焼却』といった小倉戦争を扱った歴史小説が上梓されましたが、いずれも島村志津摩が主人公です。

一方、小宮民部は多くの作品で因循姑息《いんじゅんこそく》な敵役《かたき》として登場します。

確かに島村志津摩という若くてイケメンの男が陽だとすれば、十歳年上で、特段容貌の記録もない小宮民部は陰の役回りを強いられています。私の知る限り、小宮民部を主人公にした歴史小説はありません。

ということで、今回は、島村志津摩のライバルである小宮民部について考えてみます。

島村志津摩と対立

小宮民部は文政六年（一八二三）、小倉藩馬廻格二百石の秋山光芳の次男として出生しました。島村志津摩よりちょうど十歳、年上です。民部の名は元治元年（一八六四）に藩主から与えられたものですが、本書では民部に統一させてもらいます。

小宮民部は、父が出奔したため、一族の秋山光彪《みつてる》に育てられます。光彪は村田春海《はるみ》に師事した国学者で、歌人でもあります。藩随一の文化人です。民部は光彪の影響を受け、学問に秀《ひい》で、頭脳明晰と評判をとります。その能力を買われて、中老格である小宮家の養子になりました。馬廻格から中老格になるのは大きな飛躍でした。

白石壽氏の『小倉藩家老 島村志津摩』によると、小宮家は小笠原氏の信州以来の旧臣で、藩の中でも最も格式の高い家柄でした。民部の養父四郎左衛門（親泰）は家老でしたが、第十話のように「白黒騒動」というお家騒動に巻き込まれて家老の座を追われ、蟄居《ちっきょ》させられていました。

小宮民部の内面では、家格の高い小宮家の当主であるという矜持《きょうじ》と、養子であるというコンプレックスが錯綜していたことでしょう。また、養父が罪人扱いさせられており、早く家老になって小宮家の屈辱を雪《すす》ぎたいとの思いもあったのではないでしょうか。

嘉永六年（一八五三）、小宮民部は満を持して家老になります。島村志津摩より一年遅れでした。

しかし、すぐに改革の在り方をめぐって、小宮民部は島村志津摩と対立するようになりました。二人の確執は激しさを増し、安政五年（一八五八）に民部が家老を辞職し、翌年、志津摩も退任しました。

多くの小説や読み物では、小宮民部が抵抗勢力として島村志津摩の前に立ちはだかり、改革を妨害したような描かれ方をしていますが、志津摩の妥協を許さない厳格さにこそ事態を悪化させた要因があるとも考えられます。

いずれにしても、小宮民部はたいした活躍の場を与えられないまま、わずか五年で島村志津摩とともに表舞台を去りました。

小倉藩では、安政三年（一八五六）に第七代藩主小笠原忠徴が死去し、小倉新田《しんでん》藩から養子に来ていた忠嘉《ただひろ》が十八歳で第八代藩主に就任しました。小倉新田藩とは、小倉藩祖小笠原忠真が四男の真方《さねかた》に一万石を分知、立藩させた支藩です。この藩の藩主は領地に住まず、小倉の篠崎に居を構えていましたので、篠崎侯と呼ばれていました。藩政も事実上、小倉藩が代行していました。

ところが、万延元年（三月十八日に安政七年から改元）六月二十五日、小笠原忠嘉は在位わずか四年で病死しました。忠嘉には子どもがいなかったため、安志藩六代藩主の小笠原貞幹《さだよし》が養子となり、忠幹《ただよし》と名を変えて、十一月六日、小倉藩第九代藩主となりました。

小笠原忠幹は文久元年（一八六一）、島村志津摩を呼び戻し、家老に復職させました。志津摩に再び、改革のチャンスが訪れました。ところが、またしても壁が立ちはだかります。今度の壁は藩主の弟である小笠原敬次郎です。忠幹は敬次郎を安志から呼び寄せ、政事世話方に就任させました。政事世話方とは事実上、敬次郎のために設けられた役職で、家老より上に置かれました。

この弟、只者ではありませんでした。小笠原敬次郎は尊王攘夷活動家として知られていたのです。敬次郎自身はどういう目的で譜代藩の小倉藩にやってきたのでしょうか。藩を勤王藩に変えようという企みがあったのでしょうか。いずれにしても、譜代中の譜代である小倉藩の藩士にとって、敬次郎は歓迎されない客でした。

微妙なのが、島村志津摩です。第十一話でお話ししたように、攘夷思想家の青木政美の弟子です。小笠原敬次郎をどう見ていたのか、興味があるところですね。

文久二年（一八六二）十一月、家老のひとり、小笠原織衛《おりえ》が突然、役儀御免、謹慎となりました。小笠原敬次郎に対して無礼を働いたというのが理由です。これに怒った島村志津摩は藩主に対して激しく抗議しました。そのことが藩主の怒りを買い、志津摩は家老の座を追われます。期待されて再登場した島村志津摩は、小笠原ブラザースに振り回された挙句、わずか一年で舞台を降りざるを得ませんでした。

軍制改革に取り組む

島村志津摩が家老を罷免された直後、小宮民部が勝手方引受家老として復職しました。

小宮民部は水を得た魚のように様々な改革、特に海防に取り組みます。前回のときは島村志津摩との確執があり、思ったようには働けませんでしたが、今回は志津摩はいません。藩主忠幹も将軍の警固のために、小倉を留守にしました。多分、小笠原敬次郎との確執はあったでしょうが、海防の充実についてはそんなに意見の食い違いはなかったと思われます。何よりも、民部は志津摩と違って、大人の対応ができたのではないでしょうか。

小宮民部は領内海岸を巡視し、大里、葛葉、門司などの要所に砲台を築き、さらに、紫川の河口の東西に台場を造りました。砲台建設には、藩士やその家族、城下の町人らが動員され、身分に関係なく土運びなどの労働に従事しました。

また、大砲弾丸御用掛を設け、砲弾の増産と大砲の鋳造を進めました。原料となる銅が不足したため、領内から買い上げました。しかし、それもすぐに底をつき、寺社の梵鐘の徴発に踏み切ったのでした。梵鐘の供出といえば、太平洋戦争時のエピソードと思っていましたが、すでに幕末から行われていたのですね。

また、異国船が襲来した際の領内防衛体制を整備しました。異変が起きた場合、藩主の後継ぎである豊千代丸は、企救郡今村の御茶屋（藩主の宿泊施設）に立ち退き、さらに厳しい状況になれば田川郡まで撤退することが申し合わされました。

各自の持場も具体的に決められ、島村志津摩は干上《ひあがり》台場に配置されることになりました。また、渋田見舎人《とねり》が常盤橋から門司口間、福原七郎左衛門が常盤橋から平松間の防衛を受け持ちました。さらに、この編成に加わらない藩士の子弟を別働隊・予備隊として組織し、緊急の際は藩校思永館に集合するよう布告しました。

海岸沿いには、防衛のため、長浜浦から大里までの間に松が植えられました。

文久三年（一八六三）四月七日、紫川河口の台場が完成し、高島秋帆《しゆうはん》流洋式砲術を学んで帰国した藩士門田栄によって試射が行われました。高島秋帆とは西洋近代砲術を最初に紹介した幕臣で、天保十二年（一八四一）には江戸郊外の徳丸ヶ原で輸入砲の実演をしており、以後、各藩は競って藩士を秋帆に入門させていました。

四月十日になって、藩主小笠原忠幹が京から戻ってきました。将軍の警固をしていた忠幹は京都の攘夷の風に触れて国許の海防が遅れていることが気がかりになり、思い余って退京を願い出ました。容易に許可は下りませんでしたが、小倉新田藩主の小笠原貞正に役目を交代させることを条件に許可されたのでした。忠幹は三月二十一日、京都を発ち、陸路で山陽道を下り、下関から乗船しました。領内海岸線の砲台を船上から視察した後、小倉城に入りました。

四月二十七日、河口東西台場の竣工式が執り行われました。藩主臨席のもと、参加者に酒肴が振る舞われました。

小宮民部のもう一つの仕事が農兵の募集です。三月に「海岸警備」を名目に農民から農兵を徴募する触れを出しました。もともと江戸期の支配体制は兵農分離が基本で、武士が専業の兵士となり、農民の武装化を厳しく禁じていましたが、ここにきて大きく方向転換をしたことになります。農兵の対象は庄屋格以上の富農で、苗字帯刀が許されました。無給で武器も自弁だったにもかかわらず、応募者は多く約千五百人にのぼりました。やはり武士身分になることは魅力だったのでしょうか。

武士が動員体制に組み込まれたため、農兵が番所勤務や通行人改めなどの警備に当たりました。また、戦争になれば戦闘要員に加わるため、小銃、大砲の訓練が課されました。さらに、郷筒《ごうづつ》と呼ばれる猟師が鉄砲隊として組織されました。

このように、長州藩などに比べれば随分遅れましたが、小宮民部は軍制の改革に取り組みました。民部は島村志津摩の理想主義が行き詰まった後を受け、リアリズムに徹して、何とか時代の変化に合わせようと改革したのでした。その実績をみれば、民部は決して旧弊にしがみつくだけの保守派ではありませんでした。現実をきちんと受け止め、仕事をこなしていく能吏でした。

ただ、時代の変化の風は、民部の予想を超えた暴風となっていきます。

■第十四話

高杉晋作、田野浦を占拠する。

田野浦《たのうら》。企救半島の突端、つまり九州の最北端に位置する港町です。関門海峡の東の玄関口でもあります。源平合戦のときは、彦島を出た平氏の船団が田野浦沖に集結し、源氏との海戦に臨みました。江戸時代は、北前船の潮待ち寄港地として栄え、多くの遊郭もあったといわれています。

この田野浦に、文久三年（一八六三）六月二十日、高杉晋作が創設したばかりの奇兵隊が上陸して来ました。

高杉晋作。いわずと知れた希代の天才児、幕末維新のスーパースターです。しかし、幕末の小倉藩にとってはまさに天敵でした。

今回は、高杉晋作と小倉藩の不幸な関係に迫ります。

「いよお、征夷大将軍」と叫ぶ

話は三年前に遡ります。安政七年（一八六〇）、大老井伊直弼が桜田門外で水戸藩士らによって暗殺され、幕府の権威は地に落ちます。以後、老中安藤信正は朝廷と妥協し、公武合体を進めていきます。

朝廷と幕府が注目したのが長州藩士の長井雅楽《うた》が唱えた「航海遠略策」でした。それは、朝廷と幕府が協力して積極的に広く世界へ航海し、外国の技術を学び、海軍を興した後で外国と対応し、海外へ進出するという、開国論と公武合体論を合わせた理論です。これが長州藩の藩論となります。長州藩といえば攘夷の本家のような印象がありますが、この当時はそうではなかったのですね。

文久二年（一八六二）四月、幕府は貿易の拠点を築くために、上海に視察団を送りました。幕臣や諸藩の藩士五十一人が参加、その中に長州藩の高杉晋作がいました。

高杉晋作は上海で見た現実に衝撃を受けました。アヘン戦争でイギリスに破れた中国は、南京条約により、上海、広州、福州、厦門《アモイ》、寧波《ニンポー》の五港を開港させられていました。半植民地化された上海の街をイギリス人が我が物顔で闊歩《かっぽ》していたのです。中国人は、橋を渡るたびにイギリス人に通行料を要求されるという屈辱を受けていました。

高杉晋作は上海日記である『遊清五録』（『松陰と晋作の志』より引用）に「支那人は外国人の役（使役）する所となるは、憐れむべし。我が邦、ついにかくの如からざるを得ず、務めてこれを防がんことを祈る」と書いています。このままでは日本も清と同じ目に会う、何とか防がなければならない、という恐怖と焦燥を感じたのでした。

三か月の滞在後、高杉晋作が日本に戻ると、長州藩の状況は大きく変わっていました。久《く》坂玄瑞《さかげんずい》ら尊王攘夷派が攻勢に出て、長井雅楽を失脚させていました。七月、京都河原町藩邸の御前会議で、藩論を「航海遠略策」から「破約攘夷」へ変更する決定を行いました。

尊攘激派は天誅というテロ行為に走るようになりました。土佐藩では、武市《たけち》半平太が藩主山内豊範《とよのり》を擁して京都に入り、岡田以蔵らを使って公武合体派をテロで葬りました。薩摩藩の田中新兵衛や中村半次郎（桐野利秋）、熊本藩の河上彦斎《げんさい》らが刺客となり、「人斬り」と恐れられました。テロの嵐は京の街を震撼させました。その手口は、幕府協調を進める岩倉具視《ともみ》の屋敷に幕府派浪士の片腕が投げ込まれるなど陰惨を極めました。

久坂玄瑞らは三条実美《さねとみ》らの尊攘派公家と結びついて、朝廷を動かすようになりました。朝廷は幕府に対し、攘夷を厳しく要求しました。将軍徳川家茂は朝廷の要請に抗しきれず、慣例を破って約二百三十年ぶりに上洛することになりました。文久三年（一八六三）二月三日に江戸城を出立しました。

小倉藩主小笠原忠幹は将軍の御先登《せんとう》御供に命じられました。将軍の先に立って護衛する名誉ある役目です。前年の十二月二十九日に大坂に入り、警護の準備を整えました。三月三日、大津で将軍を出迎え、翌日、護衛して京都に入りました。京都では、常に将軍の傍を離れず、警固に務めました。

三月十一日、攘夷祈願のために行われた上賀茂神社行幸《ぎょうこう》に、将軍家茂はお供させられました。車中の天皇の後を馬に乗って従いました。

沿道には多くの人出があり、天皇に従う将軍を見物しました。

「いよお、征夷大将軍」

沿道の中から声が聞こえてきました。

声の主は、高杉晋作でした。

高杉晋作はこのあと、三月十五日に藩に十年の暇を申し出、剃髪して東行《とうぎょう》と名乗りました。

高杉は久坂玄瑞の政治的駆け引きを冷ややかに見ていました。公家との折衝などにかける費用があれば蒸気船を買って軍事力を蓄えるべき、という考えも持っていたのです。

揺れ動く高杉晋作がいます。

久坂玄瑞、攘夷を決行

将軍徳川家茂は朝廷からの攘夷要請に抗しきれず、文久三年（一八六三）五月十日を以て、外国船に対して攘夷決行することを朝廷に約束してしまいました。

幕府は各藩に「攘夷の儀、五月十日拒絶すべしを達す。銘々自国海岸防御筋、弥々《いよいよ》以て厳重相備え、襲来候節は掃攘致し候様致すべく候」という通達を出します。

小倉藩ではこの達しの「襲来」と「掃攘」という文言を巡って議論となりました。襲来とは実際に発砲を受けたときを言うのか、それに対して掃攘とは船体を直接撃ってもいいのか、などの疑問が噴出したのです。小宮民部は疑問点をまとめ、幕府に問い合わせました。

しかし、幕府からの回答が来ないうちに、五月十日がやって来てしまいました。

長州藩では正規軍とは別に、京都で活動していた久坂玄瑞が率いる下級武士を中心とした尊攘激派が光明寺《こうみょうじ》（下関市）に集まっていました。敵情視察の名目でしたが、実際は藩の正規軍が彼らとの共闘を嫌がり、切り離されていたのでした。

攘夷の責任者である総奉行の毛利能登《のと》は、五月十日になっても攻撃命令を出しませんでした。

光明寺党は総奉行の下知を待たず、藩の軍艦「庚申丸《こうしん》」に無断で乗り込み、深夜、田野浦沖に碇泊していた蒸気船のアメリカ商船「ペンブローク号」に密かに近づきました。亀山砲台からの砲撃を合図に、「庚申丸」が「ペンブローク号」を砲撃しました。わずかですが、船体に損傷を与えました。「ペンブローク号」は自衛のための砲を数発応戦後、碇をあげて周防灘へ退避しました。

しかし、長州藩全体が狂信的な攘夷一色だったわけではありません。決行の二日後、井上聞多《ぶんた》（馨）、伊藤俊輔（博文）、野村弥吉、遠藤謹助、山尾庸三《ようぞう》の五人の長州藩士がロンドンに密航するために横浜を出港していたのです。いわゆる長州ファイブです。攘夷決行も密航も同じ藩主の命令です。これは混乱の極みなのでしょうか、それとも長州藩の懐の深さなのでしょうか。

長州藩尊攘激派は、続いて二十三日にフランス蒸気船「キャンシャン号」、二十六日にはオランダ軍艦「メデュサ号」を砲撃しました。

五月二十四日、長州藩の使者が小倉にやって来ました。攘夷決行の勅令が出ているのに攻撃に参加しない小倉藩の態度を詰問し、すぐに攘夷を実行するように迫ってきたのです。これに対し小倉藩は、外国船が通航するだけの場合も発砲せよ、との沙汰を幕府から受けていないことを盾に反論しました。

小倉藩内では小笠原敬次郎が、「幕府の指示を仰ぐ必要はなく、ただちに異国船を挟撃すべきだ」と主張しました。島村志津摩の師である青木政美も攘夷論を強行に主張し、ついに蟄居を命じられました。

島村志津摩自身はどう思っていたのか分かりませんが、小宮民部は志津摩を江戸の台場警備の責任者として出府させました。体《てい》よく飛ばしたのです。やはり、志津摩は青木政美の弟子であり、また、母親が長府藩の家老の娘であることで警戒されていたのでしょう。民部からすれば、確執があったとはいえ、志津摩と小笠原敬次郎が攘夷連合を組んで長州に味方するというリスクを排除したのでした。

奇兵隊を結成

六月一日、アメリカ軍艦「ワイオミング号」が報復のために来襲しました。「ワイオミング号」は五月三十日、姫島に到着し、六月一日の未明、関門海峡に侵入しました。下関の岸壁に繋がれていた「壬戌丸《じんじゅつ》」に攻撃をしかけ、左舷に大穴を開けて沈没させました。救援にやって来た「庚申丸」も撃沈され、「癸亥丸《きがい》」は再起不能の損傷を受けました。

六月五日には、フランス軍艦「セミラミス号」と「タンクレード号」が来襲しました。両艦は田野浦沖に碇泊しました。代表が上陸して小倉藩士と話し合い、小倉藩が攻撃しないことを確認しました。それから抜錨《ばつびょう》して攻撃態勢を取り、砲撃の後、下関の前田村に上陸しました。砲台を占領すると火薬庫を開いて火薬や弾丸を海中に投棄、大砲を破壊しました。「タンクレード号」は長州藩の攻撃で艦腹に穴を開けられ、マストも傷ついたため、小倉藩領側に投錨し修理に二日間をかけました。すでに軍艦を失っている長州藩は追撃することができませんでした。

小倉藩は静観していただけでしたが、長州藩からすると、小倉藩が外国の味方をしているように見えました。その恨みが長く尾を引くことになります。

アメリカの報復を受けた後、周布《すふ》政之助や桂小五郎などの長州藩幹部は、藩の再起を高杉晋作に託しました。東行と名乗って藩の攘夷活動とは一線を画していた高杉は、萩の松本村に家を借りて、世捨て人を決め込んでいました。高杉は六月六日、かねてから親交のあった白石正一郎の屋敷に入りました。白石は長州藩の支藩である清末藩の御用商人であり、白石家はもともと小倉の住人であったため「小倉屋」と号していました。

高杉晋作は小倉屋で奇兵隊を結成しました。馬関総奉行配下の藩兵である「正兵」に対する「奇兵」です。スポンサーの白石正一郎は奇兵隊の資金を提供するだけでなく、自ら入隊しました。

奇兵隊は身分の垣根をなくし、入隊基準を「志」に求めた画期的な軍隊です。武士が五割、農民が四割、その他が一割で、これまで非戦闘員だった農民を加えた混成部隊です。武士の多くも閉鎖的な身分制度に苦しめられていた下級武士や陪臣がほとんどです。隊員には給金も支払われました。隊士は職業軍人として扱われたのです。

小倉藩をはじめ各藩の農兵が富農層からのみ募集し、武士の体制を補完しようとしているのとは対照的でした。

周布政之助や桂小五郎には、この攘夷の失敗を当初から見越していたふしがあります。彼らは伝統的な武士のスタイルでは対応できないことを認識しており、西洋式の軍制改革を志向していましたが、藩内の強い反発で頓挫《とんざ》していました。外国船砲撃という無謀な攘夷を静観し、敗戦の混乱に乗じて、高杉晋作をして複雑な上下関係を廃した均質な軍隊を創らせたのでした。

こうして、フランス軍の前田村上陸を許した翌日に奇兵隊が創設されるという離れ業《わざ》が行われたのでした。

奇兵隊に続いて、藩各地で諸隊が雨後の筍《たけのこ》のように生まれました。

窮地に立つ小倉藩

長州藩は、外国船攻撃に加わらずに傍観を続ける小倉藩を詰問する使者を送り続けました。しかし、小倉藩が真剣に応じないことを悟ると、六月二十日、長州藩兵約百十人が田野浦に上陸、砲台を占拠しました。

藩兵の中心は結成されたばかりの奇兵隊で、傍若無人の振る舞いが目立ちました。田野浦の漁民は、家を長州藩兵の宿舎として使われ、大砲の試射があるため漁にも出られませんでした。八月二十七日には四人の奇兵隊士が京都郡行事村まで押しかけ、「飴屋」という商家から百両を強奪するという事件を起こしました。

企救郡小森手永の大庄屋である友石承之助は日記に、奇兵隊の「狼藉」を事細かに記録していますが、押しかけて来た「頭《かしら》」が「高杉晋作」であると正確に書いています。幹部の赤《あか》禰《ね》武人や滝弥太郎の氏名は間違って書かれており、高杉晋作の名前が小倉藩の大庄屋クラスでもすでに有名であったことが分かります。

小宮民部は窮地に立たされました。小笠原敬次郎からは「なぜ、攘夷を行わないか」と罵られ、一方、保守派からは、「長州藩に侵略されて黙っているのか」と突き上げられます。しかし、今、長州藩と戦争するわけにはいかず、静観するしかありませんでした。

長州藩は攘夷を実行しない小倉藩を朝廷に訴えました。これに対し、朝廷から勅使として正親町公董《おおぎまちきんただ》が攘夷の状況視察を名目に長州を訪れ、長州藩主とともに小倉藩領に上陸し、田野浦の大砲試射を視察しました。

小宮民部は幕府と協議するため、河野四郎と大八木三郎左衛門を派遣しました。河野四郎は第十二話に登場した郡代です。郡代は農村支配の責任者ですから、本来、担当外の仕事です。異例の人選の裏には小倉藩の人材不足が透けて見えますね。

河野四郎らは長州藩のこれまでの横暴を幕府に訴え、特使を派遣して長州を詰問するように願い出ました。これを受けて幕府は、中根市之丞を異国船砲撃・他藩侵入糾問のため長州藩に派遣することを決めました。

中根市之丞や河野四郎らを乗せた「朝陽丸」は七月二十三日、関門海峡に到達しました。小倉藩は斥候船を出し、河野四郎らとの接触を図りましたが、長州藩の妨害で叶いませんでした。「朝陽丸」は下関に碇泊、幕吏一行は上陸することになりました。滝弥太郎ら奇兵隊が船に乗り込み、白刃をかざして小倉藩士の身柄引き渡しを迫ったため、幕府や藩に迷惑がかかることを恐れた河野四郎と大八木三郎左衛門は船内で切腹して果てました。

小倉藩、絶体絶命です。

■第十五話

小宮民部、窮地を脱する。

どんな苦境に陥っていても、ある日突然、事態が好転することがあります。

文久三年（一八六三）八月十八日、京都で大逆転劇がありました。朝廷を牛耳っていた長州藩が、薩摩藩や会津藩によってクーデターを起こされ、京を追われたのです。日付を取って「八月十八日の政変」と呼ばれています。

この日を境に、難題を押し付けてくる長州藩と、絶体絶命に陥っていた小倉藩の立場が鮮やかに逆転します。この逆転劇、小倉藩が自分の努力で成し得たことでなくても、自分の力だと過信してしまうのは仕方のないことですね。しかも、すぐ先に、再逆転が待っていることも知らずに……。

八月十八日の政変

長州藩を中心にした尊王攘夷派は勢いを増し、朝廷に働きかけて、文久三年八月十三日、大和行幸の詔《みことのり》を引き出しました。大和行幸とは天皇が攘夷祈願のため神武陵・春日社を参拝するものです。

長州藩は行幸中に、攘夷に協力しなかった小倉藩の処分を発令することを考えていました。処分理由は、長州藩がフランス軍艦の攻撃を受けた際、小倉藩が藩領にフランス兵の上陸を許可したことが利敵行為に当たるというものです。小倉藩主小笠原忠幹の官位と所領十五万石を没収、跡目相続者に旧領のうち三万石を与えるというものです。大和行幸中にこの処分を発令して、攘夷非協力者に対する見せしめと、尊攘派の士気高揚を図ろうとする魂胆です。

孝明天皇はしかし、攘夷は幕府中心に公武合体で行うべきであるという考えの持ち主でした。尊攘派の強引なやり方に危機感を覚えた天皇は、側近の国事御用掛である中川宮（朝彦親王）に行幸延期の意志を伝えました。

中川宮は薩摩藩・会津藩などと示し合わせ、八月十八日、御所の門を固めて、長州藩を排除するクーデターを起こしました。

長州藩は翌日、尊攘派公卿の三条実美ら七卿とともに長州に向かいました。世にいう「七卿落ち」です。

政治的な力を失った長州藩は、小倉藩に対しても態度を一変させました。九月四日には奇兵隊ら長州藩兵が田野浦から引き揚げました。

長州藩兵の田野浦占領に心を痛めていた小宮民部にしてみれば、こんな晴れやかな日が突然やってくるとは思ってもいなかったでしょう。小倉藩は京の政局には縁がなかったはずですから、この逆転劇は自分が起こしたと錯覚しても仕方ないでしょう。

小倉藩では、長州寄りの考えをしていた小笠原敬次郎の立場が苦しくなってきました。いたたまれなくなった敬次郎は九月十四日に、小倉を離れて江戸に向かおうとしました。ところが出発の直前、急死したのです。小倉藩は弓の稽古中の事故という発表をしましたが、真偽のほどは分かりません。

小倉藩領の中で長州藩と通じていたのが英彦山《ひこさん》（彦山は江戸中期に霊元法皇の院宣により英彦山と名を変えていました）の山伏たちです。英彦山座主《ざす》の高千穂教有は関白鷹司輔熙《たかつかさすけひろ》の子で、三条実美の親戚に当たります。これに目を付けた長州藩が英彦山と手を結び、攘夷に消極的な小倉藩を内部から突き崩す計画を立てていました。長州藩の働きかけで、「勤王僧」が力を持ち、小倉城を襲撃する計画まで立てられるようになっていたのです。

内部告発でこれを知った小宮民部は十一月十一日、農兵を含む二百五十人の兵に英彦山を急襲させました。連判状を押収し、連署した僧、十三人を捕えました。十一月二十日には、座主を小倉に護送しました。

小宮民部は藩内の尊攘派を一掃して、権力を盤石《ばんじゃく》にしていきました。小笠原敬次郎が死に、島村志津摩も江戸に追いやっており、もはや民部に敵なしです。

小笠原忠幹も小宮民部を頼らざるを得ません。小笠原敬次郎がいるときは、忠幹と民部の関係も微妙だったでしょうが、頼りの弟が死んだ以上、もはや民部の意向を無視するわけにはいきません。

小宮家の世禄は六百七十石でしたが、小笠原忠幹は小宮民部に三百石を二回に分けて加増しました。小宮家の石高は千二百七十石となり、島村志津摩千二百石を抜きました。忠幹が「民部」の名を与えたのもこの頃です。

小宮民部、絶好調です。

満身創痍の長州藩

長州藩が去った京都では、新撰組による浪士狩りが激しさを増しました。

尊攘激派は捜索の目を盗みながら、水面下で反転攻勢のための計画を立てていました。それは、京都御所に火を放ち、孝明天皇を長州に連れ去るという大胆な計画でした。

元治元年（一八六四）六月五日、計画を察知した新撰組は尊攘激派が会合している池田屋に踏み込みました。長州藩の吉田稔麿《としまろ》、熊本藩の宮部鼎蔵《ていぞう》、土佐藩の望月亀弥太《かめやた》、北添佶摩《きつま》などが命を落としました。桂小五郎も池田屋にいましたが、一旦外出したため難を逃れました。

長州藩では、池田屋の変で同志が殺されたことで、京への出兵を主張する来島《きじま》又兵衛ら激派が暴発寸前となりました。

慌てた藩主は、高杉晋作に暴発を食い止めるよう命じました。この時期、高杉は新たに百六十石を得て奥番頭役、つまり藩主の側近に抜擢されていました。高杉は来島を訪ねて進発を中止するように説得しましたが、来島は頑として応じません。

説得に失敗した高杉晋作は、現地の正確な情報を確認すると言い放って、藩に無断で上京しました。京で、桂小五郎や久坂玄瑞に会って意見を求めますが、彼らも進発には反対でした。

久坂玄瑞は進発を止めさせようと長州に戻り、説得に努めましたが、もはや勢いを押さえることはできませんでした。

六月十五日、ついに、長州藩は兵を動かしました。福原越後、国司《くにし》信濃、益田右衛門介の三家老と来島又兵衛、久留米藩の真木和泉《まきいずみ》らが先発隊二千の兵を率いて進発しました。その隊列の中に久坂玄瑞もいました。

七月十九日、長州藩軍は御所を襲い、蛤御門付近で会津・薩摩・桑名藩らと衝突、一敗地にまみれました。来島又兵衛、入江九一らが戦死、久坂玄瑞、寺島忠三郎、真木和泉らが自刃しました。桂小五郎は乞食に変装して京を脱し、但馬《たじま》（兵庫県）に身を潜めました。世にいう「禁門の変」（蛤御門の変）です。この戦闘で市中二万八千余戸が焼失しました。

敗戦で傷だらけの長州藩に追い打ちをかけたのが、外国艦隊の襲来でした。

イギリス公使オールコックの主唱により、イギリス、アメリカ、フランス、オランダの四か国が連合し、関門海峡の通航の確保を図ろうと、四月二十五日、四国連合が成立しました。

六月十日、ロンドンから戻ってきた伊藤俊輔、井上聞多が横浜に入港しました。二人は、ロンドンに密航していましたが、「ロンドン・タイムス」で連合国が下関を攻撃する意思があることを知り、急遽、帰国の途についたのでした。二人はすぐに、イギリス公使館と長州藩の間に立って、避戦の工作をします。

しかし、六月十九日には、連合艦隊による下関攻撃の具体的計画が決定しました。

八月五日、四か国艦隊十七隻が報復攻撃を開始しました。赤禰武人総督率いる奇兵隊が前田・壇ノ浦砲台から迎え撃とうとしましたが、外国軍艦の計二百八十八門の大砲の威力はすさまじく、砲台を破壊され尽されました。結局、外国兵の上陸を許してしまいました。

講和を結ぶに当たって、長州藩幹部が頼ったのが、高杉晋作でした。高杉は無断の行動を咎められ、萩に連れ戻されて投獄されており、この時期は獄を出て自宅の座敷牢に移っていました。高杉は「宍戸刑馬」と名乗って藩の重役になりすまし、連合艦隊の旗艦であるイギリスの「ユーリアラス号」に乗り組み、交渉に当たりました。イギリスは長州藩に彦島の租借を要求してきました。高杉は、神代からの日本の歴史を朗々と語り続けて相手を煙《けむ》に巻き、要求を取り下げさせました。もし、晋作が屈していたら、彦島は香港のようになっていたでしょう。さらに、賠償金を幕府に押し付けることにも成功しました。

高杉晋作という男、まさに味方のピンチに颯爽と現れるセットアッパーのようです。攘夷決行のときも、この外国艦隊の襲来のときも、現場にはいませんでした。ゲームが始まってもベンチに入っていないようなものです。それが、ピンチになると、どこからか現れて、キレのある速球で抑え込みます。ところが、ゲームセットのときには、もうどこかに姿を消しているのです。

一方、小倉藩は外国艦隊が関門海峡に集結したとの知らせを受け、警備の兵を門司の海岸に配しました。しかし、藩士たちは警備というより見物に徹し、外国艦隊の砲弾が長州の砲台に当たるとどっと歓声を上げました。中には、酒肴を持参して、呑みながら見物している者もいたそうです。

小倉藩は時代の外野席にいます。

四万人の兵が小倉に集結

尊王を標榜《ひょうぼう》する長州藩士らが御所に発砲したことで、幕府は長州藩を征討する恰好の口実を得ました。

元治元年（一八六四）七月の朝議で長州藩追討が決定しました。八月になると、将軍家茂自らが軍を率いて長州征討に当たることを表明しました。総督に前尾張藩主徳川慶勝、副総督に福井藩主松平茂昭《もちあき》（慶永の養子）が任命されました。

幕府は中国・四国・九州の三十四藩に出兵の命令を出しました。本営は広島城下の国泰寺に置かれました。

総督の参謀には薩摩藩の西郷隆盛が就きました。西郷は文久二年（一八六二）に島津久光の逆鱗に触れ、沖永良部島に流されていましたが、この年の二月に赦免され、以後は大久保利通とともに藩の中心的な役割を担っていました。

長州藩攻撃の西側前線となる小倉には、八月六日に唐津藩三百人が入ったのを皮切りに、福岡藩、薩摩藩、熊本藩、柳川藩、佐賀藩、久留米藩などが集結し、その数は四万人を超えました。

十月には副総督の松平茂昭が幕府軍を率いて上毛郡宇島《うのしま》港に上陸、中津街道を通って小倉に入りました。

西郷隆盛は九月、幕府の軍艦奉行だった勝海舟と会談する機会を得ました。海舟は「今は国内で戦う時ではない。もはや、幕府に国を治める力はないので、雄藩による共和政治をめざすべき」といった趣旨のことを熱く語りました。幕臣から倒幕の発想が出たことに西郷は驚きました。それまでの西郷は長州藩に厳罰を与えることを主張していましたが、考え方を改めます。

西郷隆盛は参謀でありながら、戦闘を回避するための根回しを始めていきます。西郷は徳川慶勝総督から一任を取り付け、岩国に乗り込んで、岩国藩主吉川経幹《つねまさ》と会談しました。西郷は吉川に対し、禁門の変の首謀者の処罰と、五卿（七卿のうち、沢宣嘉《さわのぶよし》は生野の変に参加後行方不明、錦小路頼徳《にしきこうじよりのり》は病没）を他藩に移せば征長軍を解兵すると約束しました。吉川経幹は西郷の案を長州藩に働きかけました。

当時の長州藩では、椋梨藤太《むくなしとうた》を筆頭にした保守派が台頭していました。禁門の変、外国艦隊の報復攻撃に負け続けたため、尊攘派は勢いを殺《そ》がれ、保守派に抑え込まれていたのです。

保守派は吉川経幹の仲介に応じ、禁門の変の責任者として福原越後、益田右衛門介、国司信濃の三人の家老を切腹させ、幕府に降伏を願いました。

幕府は長州藩主父子の自筆の伏罪《ふくざい》書の提出、五卿の他藩への移転、山口城の破却を条件に総攻撃を延期しました。

五卿の移転については、奇兵隊を中心とした諸隊が強行に反対しました。そこで、西郷隆盛は小倉に入り、諸隊説得のため福岡藩士の月形洗蔵を下関に派遣しました。機が熟した頃、何と、自ら下関に乗り込みました。驚くべき大胆さです。まさに死地に飛び込むとはこのことでしょう。下関では奇兵隊幹部の赤禰武人か山県狂介（有明）と会談したのではないかと考えられています。高杉晋作と会ったという説もありますが、これは定かではありません。

西郷隆盛の思惑どおりに征討軍は戦うことなく、十二月二十七日に撤兵令が発せられました。翌元治二年（一八六五）一月二日、陣払いの触れが出て、各藩は国に戻りました。

これで戦が終わったと、小宮民部をはじめ小倉藩の誰もが胸をなでおろしたことでしょう。しかし、すでにこのとき、長州では高杉晋作が決起し、状況は大きく変わっていたのです。セットアッパー高杉晋作、藩のピンチに、三度目の登板です。

グラウンド外にいる小宮民部の手が届かないところで、幕末動乱のゲームが大きく動こうとしています。

■第十六話

小笠原忠幹、死なせてもらえず。

「元の木阿弥《もくあみ》」という言葉は多くの人が知っているし、日常生活で使うことも多いと思います。では、その由来はご存じですか？

戦国武将の筒井順昭《じゅんしょう》が病死したとき、その子順慶《じゅんけい》が幼かったので、家臣は順昭の死を秘《ひ》匿《とく》して、順昭に声の似た木阿弥という男を影武者に仕立てて病床に置きました。順慶が成長した後、順昭の死を公にし、木阿弥は「元の木阿弥」に戻ったという故事によります（史実ではないようです）。

影武者こそ立てませんでしたが、小倉藩主小笠原忠幹の死も一年間にわたり秘匿されていたのです。

臨戦態勢の中、藩主が死去

元治元年（一八六四）九月六日、第九代小倉藩主小笠原忠幹が病死しました。藩主の死ですから、本来ならば盛大に葬儀が行われ、家督相続となるはずです。忠幹には四歳ながら豊千代丸という跡継ぎがいましたので、問題はありません。

しかし、家老の小宮民部は藩主の死を秘匿することにしました。その理由は当時の情勢にありました。小笠原忠幹が死去したときは、幕府が長州征討を決定し、各藩の軍勢が小倉に集結しつつある頃です。

小倉藩自体、戦争準備に大わらわでした。何といっても、関門海峡を挟んで、敵である長州藩がいるのです。戦闘が始まれば、真っ先に攻めていかなければなりません。

私たちは歴史を知っているので、この第一次長州征討が戦闘に至らないことが分かっています。しかし、当時の小宮民部は知る由もありません。明日にも戦争が起きそうな緊迫感の中にいたのです。葬儀の途中で戦端が開かれたらどうなるのか。四歳の豊千代丸が家督を相続したところで、戦争の指揮を執れるはずもありません。

小宮民部は藩主の死を隠し、病気療養中ということで乗り切ることを決断しました。藩政は小倉新田藩主小笠原貞正が預かることになりました。筒井順昭のような戦略的な秘匿ではありませんが、藩主の死を隠さざるを得ないほど小倉藩は追い詰められていたのです。

ところで、第十五話で小笠原敬次郎の謎の死のことをお話ししましたが、暗殺されたのではないかという見方が根強くあります。元小倉藩の幹部が江戸で攘夷派として活躍されては困る、という思いが藩幹部にあったとしても不思議ではありません。

それだけではありません。実は、兄である藩主忠幹の暗殺説もあるのです。

読売新聞西部本社が編集した『福岡百年』(昭和四十二年刊)にその説が載っています。


忠幹が、一時期、弟の敬次郎を政治顧問に登用している。敬次郎は、江戸の国学者大橋訥庵門下の俊才で、勤王思想に厚かった。その敬次郎を登用したということは、忠幹自身、幕府の譜代大名でありながら、勤王の気持ちをふっ切れなかったとみてよい。そこらにも摩擦の原因はありそうだ。派閥抗争が高まれば犠牲者が出てくることは、いまの政界を見てもわかる。ここでは「アンチ忠幹派」が一服盛ったのではないかとの推理である。


大胆な推理です。真偽のほどは分かりません。

いずれにしても、藩主の死を秘匿するということは、周囲の家臣は藩主が生きているように演技しなければなりません。もし、ばれると、幕府を欺くことになるのです。小宮民部の心労は大変なものだったでしょう。

長州藩、倒幕へ動く

さて、長州藩では、倒幕を志す尊攘派は自らのことを「正義党」と呼び、幕府に恭順を示す保守派を「俗論党」と呼んでいます。

小笠原忠幹の死から三か月後、「正義党」の高杉晋作が密かに長州藩に戻ってきました。高杉は奇兵隊陣営に出向き、決起を呼びかけましたが、山県狂介らは時期尚早と同意しませんでした。奇兵隊などの諸隊には藩から解散命令が出されており、奇兵隊総督の赤禰武人は藩の内戦を回避させるため、藩政府と交渉を続けていたのです。

高杉晋作は、赤禰武人のことを「土百姓」と呼び、「あんな奴に歴とした武士の心情はわからん」と罵倒します。「俗論党」との和解を考えている赤禰への不信でしょうが、奇兵隊の理念をぶちこわす暴言です。晋作の複雑さ、奇兵隊の限界性が見えた瞬間です。

高杉晋作は「一里行って斃《たお》れても国家に殉ずることになる。十里行って死んでも、毛利家に尽くすことになる」と悲壮な演説を行いました。これに伊藤俊輔の力士隊、石川小五郎らの遊撃隊が呼応しました。

十二月十五日未明、高杉晋作は約八十人を率いて、五卿が保護されている功山寺（下関市）

を訪れて決起を報告した後、藩の会所を襲いました。さらに、三田尻（防府市）の海軍局を急襲し、軍艦を手に入れました。高杉は門閥を弾劾する「討奸」の檄文を用意して諸隊に呼びかけました。

これに驚いた藩の「俗論党」は、「正義党」の主要人物である松島剛蔵ら七人を斬刑にするとともに、追討軍を萩と下関の中間に位置する絵堂に布陣させました。

高杉晋作の快挙に刺激された山県狂介率いる奇兵隊らは、翌元治二年（一八六五）一月、絵堂に進軍し、藩正規軍を破りました。さらに、大田でも正規軍を撃退しました。

高杉晋作は軍艦を萩沖に回航させ、海上から萩城下に向けて艦砲射撃を行わせました。空砲でしたが、城下は大混乱となりました。

「俗論党」は力を失い、中心にいた椋梨藤太も藩外への脱走を企てて失敗し、捕らわれて斬首されました。長州藩に所属した故の不幸です。他の藩にいたら、もっと穏やかな人生が送れたかもしれない「俗論党」巨頭の最期でした。彼には彼の「正義」があったでしょうが、敗者の主張は「俗論」にしかならないのです。

「正義党」は藩の権力を奪い返しました。禁門の変後、但馬出石《いずし》（兵庫県豊岡市）に潜伏していた桂小五郎が帰藩し、伊藤俊輔、井上聞多、前原彦太郎（一誠）ら松下村塾門下生とともに藩庁を運営することになりました。藩論は「武備恭順」から「倒幕」へと変わったのです。

長州藩は軍制改革を行い、藩出身の蘭医学者である大村益次郎を最高責任者に抜擢しました。大村は兵が使う銃をゲベール銃からミニエー銃に変えました。ゲベール銃は銃身の中がなめらかで弾が丸いのに対し、ミニエー銃は銃身内に施条（ライフル）があり、弾丸は椎の実型です。ミニエー銃は弾に回転がかかるため弾道が安定し、射程距離も伸びるのが特長です。ミニエー銃は長崎で外国から購入するしかありませんが、幕府が外国側に圧力をかけているため長州藩が購入するのは難しく、薩摩藩名義で購入する方法が模索されました。

ここで登場するのは坂本龍馬です。龍馬は土佐藩脱藩後、勝海舟の門下生となり、神戸海軍操練所の運営を中心となって担っていました。しかし、訓練生の望月亀弥太が池田屋の変に参加したこともあり、幕府に睨まれて閉鎖されます。その後は元訓練生を中心に、諸藩脱藩の浪士を率いて長崎に亀山社中を結成し、薩摩藩の保護下で航海運航業などを営んでいました。

伊藤俊輔、井上聞多が購入を進めたミニエー銃四千三百挺は薩摩藩の「胡蝶丸」で慶応元年（四月七日に元治二年から改元）八月二十八日、三田尻に陸揚げされました。

さらに、十月十八日には、軍艦「ユニオン号」（「桜島丸」）を薩摩藩名義で購入することが決定しました。

高杉晋作の一見無謀とも言える快挙によって、長州藩は幕府との全面対決へ突入していきます。

幕長戦争、勃発

長州藩が政権交代したことで、幕府は再び長州征討に踏み切りました。一般的に第二次長州征討と呼ばれますが、実際に幕府と長州藩の間で戦争に発展したため、幕長戦争と呼ばれています。長州藩側は四境戦争と呼んでいます。大島口、芸州口、石州口、小倉口の四か所から攻められたためです。

徳川家茂は長州再征の勅許を得て、総督に紀州藩主徳川茂承《もちつぐ》、副総督に老中小笠原長行《ながみち》を任命しました。長行は唐津藩小笠原家で、小倉藩とは親戚です（くわしくは第十八話）。

当初、幕府は萩口を加えた五か所から長州藩を攻撃する計画を立てていました。五境戦争になる予定だったのです。しかし、萩口を担当する予定だった薩摩藩はこの戦争に加わりませんでした。武器や軍艦購入を通じて接近していた長州藩と薩摩藩は慶応二年（一八六六）一月、坂本龍馬や中岡慎太郎の斡旋《あっせん》で秘密裏に薩長同盟を結んでいたのでした。

幕府は長州藩に対し、十万石の削減、毛利敬親《たかちか》・元徳《もとのり》父子の隠居などの処分案を決め、一月二十二日に勅許を得ました。その通告のため、老中の小笠原長行が二月七日、広島に下向しました。

長州藩からは家老宍戸備後助が来ていました。宍戸は、長行の追及をのらりくらりとかわしていきます。実はこの男、家老ではなく、山県半蔵という一藩士にすぎなかったのです。

四月十四日、薩摩藩が「内乱を避けるべき幕府が先頭に立って乱を起こすのは支持できない」と公然と長州征討に反対する声明を出しました。薩摩藩の不参加により、萩口の攻撃が不可能となりました。

長州藩のあいまいな態度に業を煮やした小笠原長行は、五月二十九日までに処分受諾の請書を提出しない場合、六月五日を期して攻撃すると長州藩に最後通牒を行い、宍戸備後助（山県半蔵）を人質として拘束しました。幕府は六月五日の攻撃を諸藩に通達し、速やかに持場に着くように命じました。

しかし、多くの藩は士気が低く、なかなか出陣しようとしませんでした。第一次の長州征討は戦にはなりませんでしたが、滞陣するだけで莫大な費用がかかっていました。各藩にとっては動員されること自体が重荷であり、さしたる理由もない再征に、幕府への不満が渦巻いていました。

幕府が突き付けた処分案を長州藩は受け入れるはずもなく、期限の五月二十九日を迎えました。

ついに開戦へと、幕府は動きました。広島城下に滞陣していた幕府直轄軍は六月三日から厳島に集結を始めました。

六月五日、総督の徳川茂承が広島に入りました。

六月六日夜に小倉を出港した幕府軍艦「長崎丸」が七日、周防大島対岸の上関を砲撃して、幕府と長州藩の戦いの火蓋が切られました。しかし、大島口では結局、動員されていた宇和島藩も徳島藩も参戦せず、親藩の松山藩と幕府軍だけの戦いとなりました。

小倉軍、出陣

二百数十年の天下泰平が破られようとしています。

幕府から六月五日攻撃の通達を受けた小倉藩に緊張が走りました。今度は本当に戦わなければならないかもしれない、という予感の中で、小倉藩士の胸の内は悲壮感や恐怖感で渦巻いていたでしょう。

期限の五月二十九日になっても、小倉には安志藩を除き、どの藩も参陣してきませんでした。

同日、小倉藩は城中大広間で軍議を開きました。家老、中老はもとより、番頭、物頭、馬廻まで約三百人が集まりました。しかし、具体的なことは決まらず、結局、小倉口総督となる小笠原長行の到着次第、出陣することを申し合わせただけでした。

小笠原長行は五月二十九日になっても長州藩が請書を出さないことを確認すると、六月二日、広島から軍艦「翔鶴丸」に乗船して、翌三日早朝、沓尾港に着船、中津街道を北上しました。長行は、幕府大目付塚原昌義以下約千人を率いていました。

夜になって小倉に入った小笠原長行一行は馬借町の開善寺に入り、同寺を小倉口征長軍の本営としました。塚原昌義は同町宗玄寺に宿陣、他の随行者も近くの寺に分宿しました。

到着した小笠原長行は、あいさつに来た小倉藩の幹部に、「六月五日の期限が来れば、早々に長州に討ち入るように」と命令しました。

これを受けて、六月四日、小倉藩軍が出陣しました。小倉藩は軍を六つの部隊に分けて編制していました。各部隊のことを備《そなえ》と呼んでいます。各備の士《さむらい》大将は次のとおりです。

一番備　島村志津摩　中老　千二百石
二番備　渋田見舎人　中老　千七百石
三番備　渋田見新　舎人の子
四番備　中野一学　中老　千石
五番備　鹿島刑部　中老　千石

六番備　小笠原織衛　中老　千五百石

全員が中老か、その子どもです。いわば横並び人事で、能力主義が入る余地はないようです。

一番備・島村志津摩隊、三番備・渋田見新隊、六番備・小笠原織衛隊が大手門から隊列を組んで兵を進めました。各備は赤の絹地に白で小笠原家の家紋である三階菱を染め抜いた大旗を先頭に、馬廻以上が兜・陣羽織を着し、繰り出しました。室町、京町、魚町と進み、馬借町の開善寺の前で止まり、小倉口総督の小笠原長行の激励を受けました。

島村志津摩隊と小笠原織衛隊は企救半島突端の古城山（門司城跡）の東側に広がる田野浦へ進みました。島村志津摩は小倉藩の御茶屋（藩主の宿泊施設）を本陣にし、小笠原織衛は村の庄屋宅に入りました。一方、渋田見新隊は古城山の西側の門司村に向かい、甲宗《こうそう》八幡神社の神職宅を本陣としました。

翌五日になると、軍目付の幕臣斎藤図書《ずしよ》の部隊が田野浦村に着陣。小笠原貞正も出馬し、門司村の東側、楠原《くすばる》村に陣を張りました。六日には、小笠原忠幹の実子で、安志藩主の小笠原貞孚《さだざね》も楠原村に着陣しました。

その数、合計で約千人です。

一方、二番備・渋田見舎人隊、四番備・中野一学隊、五番備・鹿島刑部隊は小倉城下の守備に当たりました。

出陣が一段落した八日、小宮民部が滞陣状況を視察して回りました。「暑気の節在陣大儀」と、生きていることになっている「藩主」の言葉を伝えました。

藩主のいない戦いが始まろうとしています。

■第十七話

坂本龍馬、門司沖から攻撃する。

人の名前が空港名になっていることは世界ではそんなに珍しくありません。ジョン・F・ケネディ空港（ニューヨーク）、シャルル・ド・ゴール空港（パリ）など。日本では一つだけあります。高知龍馬空港です。

坂本龍馬。薩長同盟、大政奉還を進めた幕末維新の立役者です。幕末で最も人気のある人物のひとりと言っても過言ではないでしょう。

小倉藩と坂本龍馬は直接の関わりはなさそうですが、実は決定的な関係があるのです。龍馬は三十三年の生涯で一日だけ戦争に参加していますが、そのときの敵が小倉藩なのです。その日はまた、小倉藩が初めて戦争を体験した日でもありました。

田野浦の戦い

幕長戦争小倉口の戦いは、慶応二年（一八六六）六月十七日に始まりました。この戦いは小倉藩側では「小倉戦争」と呼ばれています。これから、小倉戦争の戦闘経過を随時説明していきますが、基本的に『小倉戦史』をベースにしています。作者の内山円治は当時、十五歳ながら企救郡石原村の庄屋をしていた男です。リアルタイムで戦乱を体験した若者の目を通した戦史です。

長州藩は小倉口の海軍総督に高杉晋作を任命し、指揮を委ねました。小倉口方面の長州軍は奇兵隊や報国隊（長府藩所属）など約一千です。

一方、幕府側は、遅ればせながら熊本藩、久留米藩、柳川藩、唐津藩などが集結し、二万を超えました。

最前線の田野浦に布陣した島村志津摩は海峡を渡って長州に攻め込む計画を立てますが、期日の六月五日になっても、本営の小笠原長行から攻撃命令が出ませんでした。

そうこうしているうちに、六月十七日の未明、逆に長州軍の奇襲を受け、小倉戦争の火蓋が切って落とされました。

長州藩はこの日、海軍を二手に分け、田野浦と門司に向け出航させました。高杉晋作が乗り込んだ蒸気軍艦「丙寅丸《へいいん》」が帆船の「癸亥丸」・「丙辰丸《へいしん》」を曳航《えいこう》して田野浦沖へ向かいました。

一方、蒸気軍艦「乙丑丸《いっちゅう》」が帆船「庚申丸」を従えて門司沖へ回り込みました。「乙丑丸」

に乗っていたのが坂本龍馬と亀山社中の面々でした。

なぜ、坂本龍馬がここにいたのか。話は五か月ほど遡ります。一月の末、龍馬は薩摩藩と長州藩の間に立ち、薩長同盟を斡旋しましたが、直後に、伏見の寺田屋で幕吏に襲われ、負傷しました。龍馬は西郷隆盛の勧めで、妻のお龍を伴って薩摩に行き、逗留します。この間に、霧島山などを二人で旅行しており、これが日本初の新婚旅行だといわれています。

傷が癒えた坂本龍馬は亀山社中の活動を再開、長州藩が薩摩藩名義で購入した「ユニオン号」（購入後、「桜島丸」と改名）を届けに下関に来ていたのでした。

高杉晋作は、坂本龍馬が下関に来ていることを知って参戦を要請し、龍馬も応じたのでした。「乙丑丸」とは「桜島丸」が長州藩風に改めた船名だったのです。

午前六時前、高杉晋作率いる三隻の軍艦の艦砲射撃と、壇ノ浦砲台の砲撃が一斉に始まりました。

軍監山県狂介、参謀会田春輔に率いられた奇兵隊二銃隊と一小隊、一砲隊、報国隊一小隊が小舟に乗り、古城山（門司城跡）の東麓、大久保海岸に上陸しました。

長州兵は筒袖の上着にズボンかパッチという服装で、中には裸同然の者もいました。適当な間隔を空けて散り、各々が自己の判断で突撃していきます。長州軍が展開したのは散兵戦術です。長州藩は外国艦隊の兵が上陸したときに見せた戦術を学び、「散兵教練書」という

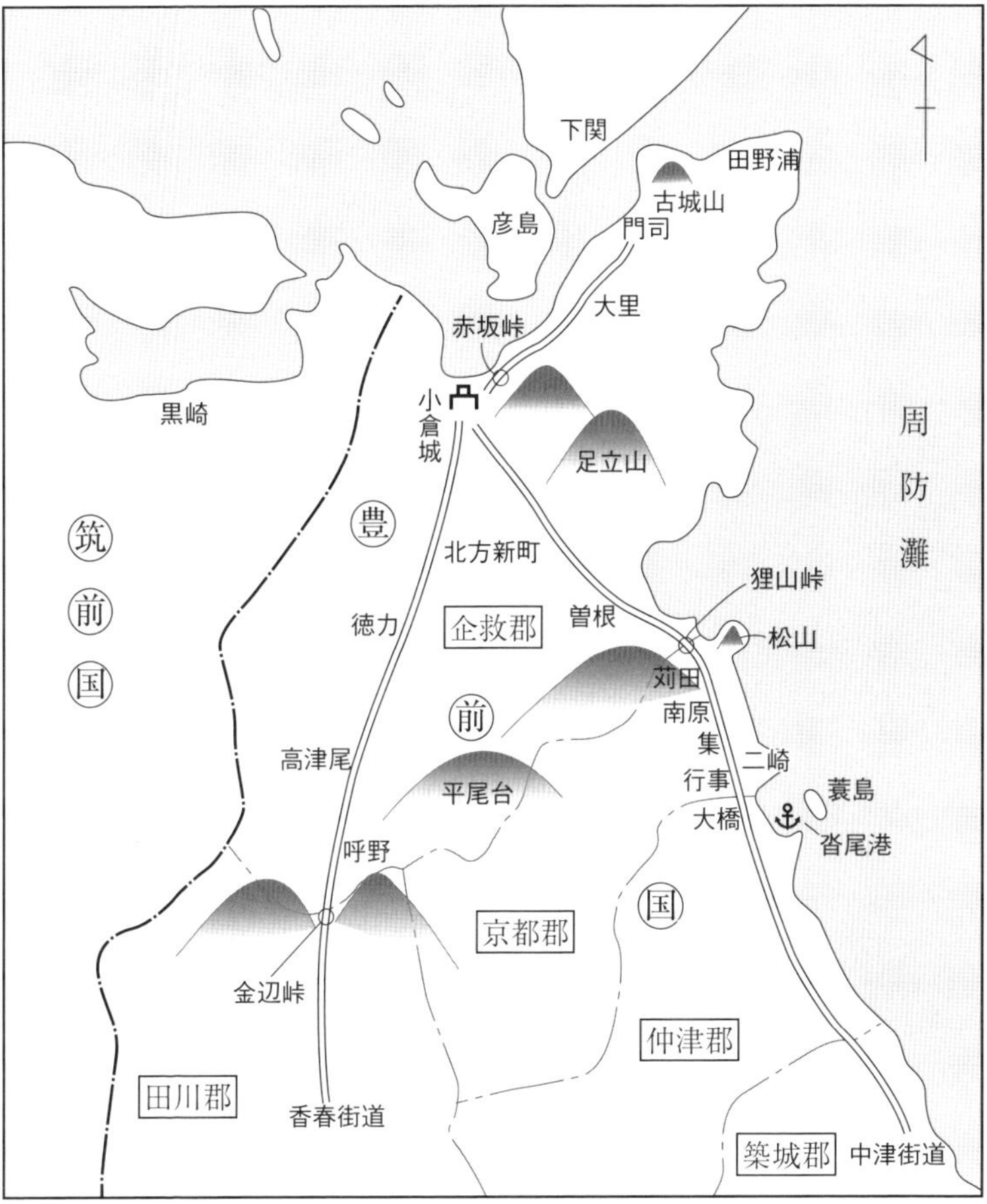
下関
田野浦
古城山
彦島
門司
大里
赤坂峠
小倉城
足立山
黒崎
周防灘
筑前国
豊前国
北方新町
狸山峠
徳力
企救郡
曽根
松山
苅田
南原
集
二崎
高津尾
平尾台
行事
蓑島
大橋
沓尾港
呼野
国
京都郡
金辺峠
仲津郡
田川郡
香春街道
築城郡
中津街道

小倉戦争関連図

教科書を作成して、訓練を続けてきたのでした。散兵戦術は指揮官の命令が行き届かないため、兵士の士気が高く、戦術を習熟している必要があるからです。

一方、小倉兵は戦国時代と変わらない重い鎧、兜を纏《まと》っています。初めての実戦です。恐怖から身を寄せ合うため、かえって的を大きくしてしまい、長州兵の格好の標的となっていきました。

このことを、坂本龍馬は家族に宛てた手紙に「小倉ノ兵、戦ヲ習ハズ、諸人楯ヲ取リテ、アチコチニ集リ、海上ヨリ見ルニ、至テ見苦シ」と書いています。

長州軍は本陣を乗っ取り、山手に登って砲台を奪い取りました。奪った弾薬を使って、退却する小倉兵に撃ちかけます。また、小倉藩が渡海用に繋いでいた舟を焼き払いました。

さらに、奇兵隊が三手に分かれて、進軍しました。海浜に進んだ一隊は古城山に登り、砲台を奪い取りました。一隊は渓谷の間を通り、小笠原貞正の陣所へ押し寄せると、すでに退却した後であり、残らず焼き払いました。

坂本龍馬が指揮する「乙丑丸」と「庚申丸」が門司を砲撃しました。一発が甲宗八幡神社に命中し、社の一部が炎上しました。

田野浦での勝利の合図を受け、下関に待機していた奇兵隊の残りが門司に押し寄せました。

午後になって、高杉晋作は撤退の指示を出しました。この勢いに乗じて大里を襲おうという意見が多かったのですが、高杉は決して認めませんでした。午後四時過ぎ、長州兵は門司の人家に放火し、先鋒から順に下関に帰還しました。

長州軍の一方的な勝利となりました。ただ、敗戦というと小倉軍の多くの兵士が撃たれたという印象をお持ちだと思いますが、この日の小倉藩の戦死者は十三名。長州藩も十一名ですから大差はありません。やはり、本格的な戦闘になる前に小倉藩兵が退却したというのが真相のようですね。

幕府大目付の塚原昌義は「小銃は火縄銃が多く、甲冑、小具足、重藤の弓などにて、埒があかず」と幕府に報告しています。しかし、長州藩側の史料では小倉藩の装備は「仏蘭式本込等之名器、幕府より借し与えしものと見ゆる」と記されています。小倉藩は決して旧式の銃しかなかったわけではなく、幕府から最新式の銃を支給されていたのに、結局、使いこなせなかったというのが実情だったようです。

田野浦の戦いの後、小倉藩は前線部隊と小倉城守備隊を入れ替えました。島村志津摩隊は藩校思永館に移って小倉城の守備を担当しました。また、渋田見新隊と小笠原織衛隊が紫川の東西の台場を守り、渋田見舎人、中野一学、鹿島刑部の各隊が大里に布陣しました。

大里の戦い

六月十七日の勝利にもかかわらず、高杉晋作は再度の攻撃を見合わせます。高杉の懸念は長州兵が小倉藩領に上陸した後、幕府の海軍が関門海峡を封鎖することでした。長州藩と幕府の海軍の差は歴然としていました。長州藩の蒸気軍艦は「丙寅丸」（九四トン）と「乙丑丸」（三〇〇トン）だけなのに対して、幕府軍艦は「富士山丸」（一〇〇〇トン）を筆頭に、「順動丸」（四五〇トン）、「翔鶴丸」（三五〇トン）と規模が違います、特に「富士山丸」は大きさだけでなく、推進器が最新のスクリュー式（他は外輪式）であり、抜群の機動力を備えていました。

そこで、高杉晋作は奇策を用いました。七月二日の深夜、報国隊士五人と「庚申丸」の水夫が、石炭運搬船に大砲三挺を隠して出船、碇泊している「富士山丸」へ暗闇に乗じて密かに漕ぎ寄せました。十数メートルまで接近してから三発の大砲を撃ちかけました。「富士山丸」船内が大騒ぎとなるのをよそに、報国隊士らは海に飛び込み、近くで待機していた小舟に乗り込んで去りました。「富士山丸」に大きな破損はありませんでしたが、予想外の砲撃が乗組員の動揺と士気低下を誘ったのは確かです。

砲声を合図に、彦島の台場から大里をめがけて砲撃しました。そして、翌日未明、長州軍は二度目の上陸作戦に出ます。先鋒追手として奇兵隊二銃隊、報国隊三小隊、曽根口に回り込む先鋒搦手《からめて》として奇兵隊二銃隊、同二砲隊、臼砲二挺が堂崎から乗船し、門司に上陸しました。夜明けとともに大里に進軍し、小森江村に布陣していた鹿島刑部隊と対峙し、互いに砲撃を展開しました。長州軍は一部を迂回させ、正面と側面から銃撃を浴びせ、一気に突破しました。続いて、福間松原に陣を張る中野一学隊も撃破しました。小笠原舎人隊は住吉原の山手から大砲、小銃を撃ちかけましたが、長州軍は散兵戦術を駆使して突撃したため、砲台を捨てて退却しました。

一方、奇兵隊の一部は鹿喰《かじき》・奥田峠の守備兵を蹴散らして、峠を扼《やく》しました。

小倉軍はこの日、甲冑を脱いで軽装で戦いました。田野浦の戦いで、先祖伝来の甲冑が何の役にも立たず、かえって行動を制約していることを学んだのでした。

しかし、格好は変えても、戦い方は変わりません。散兵戦術を駆使して、遮二無二《しゃにむに》突撃してくる奇兵隊に太刀打ちする術はありませんでした。

小倉藩の背後に控えていた熊本藩、久留米藩や幕府の兵は全く動こうとしませんでした。戦地からの応援要請にも沈黙を保ったままです。

小倉兵は孤軍奮闘しましたが支えきれず、全軍、赤坂まで退去しました。

海からも「丙寅丸」、「庚申丸」、「丙辰丸」が大里の陣地に砲撃を加えました。そこに、小倉沖から幕府側の「富士山丸」、「順動丸」、「翔鶴丸」が現れ、海戦となりました。ところが、「順動丸」はすぐに後退し、主力艦の「富士山丸」も突然、謎の後進をして遠ざかっていったのでした。残された「翔鶴丸」も彦島に砲撃した後、戻っていきました。

長州軍も再び「富士山丸」が現れることを警戒して、それ以上の追撃はせず、夕方、海峡を渡って引き揚げていきました。

結局、田野浦の戦いと大里の戦いは小倉藩と長州藩の私闘となりました。幕府軍や他藩の兵は傍観するだけで、全く動きませんでした。

ちなみに、この日、坂本龍馬は再び戦闘に参加しようと駆けつけましたが、間に合わなかったといわれています。

坂本龍馬は翌慶応三年（一八六七）二月十日、再び、下関を訪れます。お龍を伴っており、豪商伊藤助太夫の屋敷の一室を借り受け、二か月ほど、夫婦水入らずの生活を送りました。龍馬とお龍は薩摩で新婚旅行をし、長州で新婚生活を楽しんだのです。

二人は伊藤家で催された歌会にも参加しており、そのときにお龍が詠んだ歌が伝えられています。

薄墨の　雲と見る間に　筆の山　門司の浦には　そそぐ夕立

筆の山とは筆立山のことで、門司城跡の南に位置する小山です。古くから、門司は文字とも書かれており、筆で文字を書くという風流な地名となっています。お龍は門司のことを龍馬から聞いていたのでしょうか。

また、二人は巌流島に渡り、花火を楽しんでいます。誰もいない無人島で花火を振り回してはしゃぐ二人の姿が鮮やかに浮かんできます。私たちは二人の新婚生活が長くは続かないことを知っているだけに、花火に照らし出されるお龍さんの楽し気な横顔を想像しては、ちょっと切なくなりますね。

その後、坂本龍馬はお龍を伊藤家に預けたまま上京し、十月十四日に大政奉還が実現します。龍馬は「新政府綱領八策」を起こし、オールジャパンの新政府樹立を模索しますが、十一月十五日、近江屋で中岡慎太郎とともに暗殺されました。

まさに花火のように激しく燃え、あっけなく消えた坂本龍馬の生涯でした。

■第十八話

小笠原長行、逃げる。

幕府軍小倉口の総大将である小笠原長行《ながみち》は唐津藩出身の老中です。唐津藩は小倉藩祖小笠原忠真の弟忠知を祖とする杵築藩が始まりで、三河吉田、岩槻、掛川、棚倉を経て、文化十四年（一八一七）に唐津に移っていました。

小笠原長行は幼少より明敏であったといわれ、奏者番《そうじゃばん》から若年寄、老中と異例の出世を遂げてきました。長行は唐津藩の世子《せいし》です。世子とは世継ぎのことで、つまり藩主ではないにもかかわらず老中になったのです。異例中の異例です。まさに小笠原一族の出世頭です。

文久三年（一八六三）には、京で立ち往生していた将軍徳川家茂を救出しようと、独断で大兵を率いて入京しようとする大胆な行動に出て、老中を罷免されていました。しかし、慶応元年（一八六五）十月、能力を惜しまれ、老中に復帰していました。

小笠原一族自慢のエリートが小倉口の総大将としてやってきたことに、小倉藩士は心強い思いを抱いたことでしょう。ところが、この総大将、小倉藩に対してとんでもないことを仕出かすのです。

幕府軍、初の勝利

田野浦、大里と負け続けた小倉藩にとって、転機となったのが七月二十七日です。大里の戦以後、鳴りをひそめていた長州軍は同日早朝、彦島砲台から砲撃を開始しました。これを合図に軍艦が出航します。「丙辰丸」と「乙丑丸」は大里沖に、「庚申丸」と「癸亥丸」は彦島弟子待《でしまつ》沖に投錨しました。「丙寅丸」のみは終始運転を続け、遊軍の役割を担いました。

一方、陸軍は奇兵隊や報国隊などが堂崎から乗船し、日の出とともに、白木崎へ上陸しました。曽根口へ抑えの兵を置き、本隊は浜手、大鳥越、馬寄《まいそう》村方面の三手に分け、進軍しました。奇兵隊二小隊は馬寄村へ押し寄せ、小倉軍の砲撃をかわして突撃し、四砲台を占拠しました。うち一小隊は大鳥越に進み、報国隊二小隊と合流して、山頂を扼しました。

これまで傍観を続けていた熊本藩がこの日、初めて動きました。延命寺山高地に砲台を築いていた熊本軍は、赤坂峠を越えようと突撃してくる長州軍に丘陵から銃弾を浴びせました。すぐさま、奇兵隊が反撃しました。すさまじい銃撃戦が展開されました。しかし、熊本軍には地形の利があり、何よりも大軍です。一斉に放たれる銃弾の壁には散兵戦術も通用しませんでした。

奇兵隊小隊司令士の山田鵬輔は一隊を率いて険しい坂を登りながら遮二無二突撃しましたが、銃弾に当たって討死しました。長州軍は山林に逃げ込み、樹間から小銃で応戦しましたが、徐々に退却を余儀なくされました。

大里沖から迫ってきた長州藩の軍艦が砲撃をかけてきましたので、熊本軍もライフルカノン砲を放つと、一発が「乙丑丸」の蒸気釜あたりに命中しました。

長州軍は死者十八人を出し、負傷者は百人を超えました。初めての敗戦でした。

幕府側にとっては初勝利であり、小倉藩としては反転攻勢への足掛かりとなるものと意気が上がりました。

小倉藩は七月三十日、大里へ総攻撃をかけることを決め、合同して備を編制することを熊本藩に依頼しました。これに対して熊本藩からは、備に加わることはできないが、応援の人数は差し向けるとの回答がありました。

しかし、事態は予想もしない方向へ進んでいきました。

小倉藩が総攻撃の期日としていた七月三十日、期待の熊本軍が突然、陣を引き払い始めたのです。熊本藩としては、赤坂峠の戦いで奮戦するも、幕府兵や他藩が動かず、戦列に加わらなかったことに不信感が募っていました。もともと熊本藩内には長州再征に否定的な空気が強く、出陣はするが戦わないという、暗黙の了解があったのです。指揮を執る長岡監物《けんもつ》は総大将小笠原長行の指導力に疑念を持っていました。このままでは単独で長州藩と戦う羽目になるかもしれないと危惧して、撤退を決めたのでした。

逃げの名人

ところが、翌日、その小笠原長行が戦線を離脱してしまうのです。七月二十日に将軍家茂が逝去しており、その報せが長行のもとに届いたため、長行は善後策を協議するという理由で、夜陰に紛れて開善寺を脱け出し、「富士山丸」に乗り込みました。

小倉藩には何も知らされませんでした。たまたま、小宮民部の指示で、藩士が援軍の要請のため開善寺を訪れたところ、寺内は騒然としており、長行が「富士山丸」に乗り込んだことを知ったのでした。

この事態に驚愕《きょうがく》した小宮民部は事情を聴くため、船奉行の岡野六左衛門らを派遣しました。岡野らは小舟に乗って「富士山丸」に近づきましたが、面談を拒否され、ついには甲板から小銃を浴びせられる始末でした。

小倉口戦線は破綻しました。九州各藩も幕府部隊も陣を離れ、小倉藩とその一族のみが取り残されました。

地元の小倉藩には逃げる場所がありません。

小笠原長行が「敵前逃亡」したことで、小倉藩の運命は暗転し、八月一日、自ら小倉城を焼いて撤退しますが、それは第十九話に譲り、ここではその後の小笠原長行を追いかけてみます。

「富士山丸」に乗って小倉港を出港した小笠原長行は翌日、長崎にたどり着きました。その後、鹿児島を回って八月二十一日に大坂に到着しましたが、幕府から江戸への帰府を要請され、十月五日に江戸に入りました。ところが、翌日には征長失敗の責任を取らされ、老中を罷免されました。将軍の死による善後策を協議するというのは名目にすぎなかったのです。

ここで、小笠原長行の政治生命は終わったと誰もが感じるところでしょうが、どっこい、この長行、しぶといのです。

徳川慶喜が将軍になると、小笠原長行は老中に返り咲き、外国御用取扱を命ぜられます。翌慶応三年（一八六七）正月、大坂に赴いて兵庫開港問題を担当しました。さらに、六月には外国事務総裁に指名されます。

しかし、幕府の最後が迫っていました。徳川慶喜の大政奉還後、慶応四年（一八六八）一月三日、鳥羽伏見の戦いが起こり、幕府軍は苦戦します。一月六日、慶喜は大坂城で、鳥羽伏見から敗走してきた兵士を前に、「たとえ千騎没して一騎になるといえども、退くべからず」

と演説し、逆襲を宣言しました。城内の士気は高まりました。ところが、その夜、徳川慶喜はひそかに城を脱出、幕府軍艦で江戸に戻ってしまったのです。小笠原長行とよく似ていますね。

しかし、その後の二人は対照的でした。徳川慶喜は謹慎しますが、小笠原長行は三月に江戸を脱出して、かつての小笠原氏の領地であった棚倉（福島県）に走ります。ここで謹慎すると思いきや、仙台に行き、榎本武揚《たけあき》率いる旧幕府艦隊に乗り込み、箱館に行きました。

箱館では名目的な仕事しか与えられませんでしたが、同行した家臣の多くは土方歳三率いる新撰組に入隊しました。

戦況が芳しくなくなった明治二年（一八六九）四月二十五日、小笠原長行はアメリカ汽船に乗って箱館を脱出しました。横浜に着き、東京に戻りました。

岩井弘融は『開国の騎手小笠原長行』の中で、「長行は、逃げの名人である。彼は三度、逃げている。第一回は小倉戦争からの離脱、第二回は江戸からの脱走、第三回は箱館脱出、である」と書いています。

全くそのとおりです。しかし、長行の逃走劇はまだ終わりません。世の中から逃げ、潜伏するのです。

世の中が少し落ち着いた明治五年（一八七二）七月、東京府知事にある届書を出しました。

それによると、箱館から乗り込んだ船は風浪激しく海外に漂流したため、外国に滞在して、今般帰朝したというのです。

まったく、人を喰った話です。しかし、政府はこの嘘を信じたのか、信じるふりをしたのかわかりませんが、一か月の謹慎だけで済ませました。

長行は天寿を全うし、明治二十四年（一八九一）、七十歳で死去しました。

すごい人生ですね。ここまで逃げ続ければ、感動さえ覚えます。

ただ、小倉藩にとっては逃げの名人が総大将だったことが運のツキでした。人を喰った男に、がぶりと喰われたのでした。

■第十九話

小宮民部、城に火を付ける。

「築城十年、落城一日」という諺《ことわざ》があります。

これを地で行《い》っているのが小倉城です。毛利元就が築城を始めてから、細川忠興が天守閣を建てるまで、約四十年かかっています。何代もの城主が改修を続けて出来上がった小倉城が、慶応二年（一八六六）八月一日に、わずか一日で落城します。それも、小倉藩士の手で焼かれたのです。

幕長戦争小倉口の戦いは、七月二十七日の赤坂の戦いで勝利したにもかかわらず、熊本藩が撤退、総大将の小笠原長行も戦線離脱し、孤立した小倉藩が自ら城を焼いて撤退したというのが定説です。しかし、敵に攻められたわけでもないのに城を焼くというのはあまりに急な話で、合点がいかないところがありますね。そこには大きな謎が秘められています。

今回は、小倉城炎上の物語です。

緊迫する軍議

総大将も各藩もいなくなって孤立無援となった小倉藩は、幹部が協議した結果、幕府目付の松平左金吾、平山謙次郎に対し、「小倉藩のみで小倉城を守るのは無理であり、城を幕府にお返しするので、両人に受け取ってもらいたい」という趣旨の申し入れをします。驚いた二人は、小倉藩が城を放棄して要害の地に撤退することを許可する書付を認《したた》めた後、逃げるように幕府領の日田へ立ち去りました。

七月三十日、小倉藩は軍議を開きました。『豊倉記事』には軍議で決定した方針が次のように書かれています。

必死を究め防戦し、勢力の続く丈《だけ》は苦戦し時合を見合い開城し、兼て見込の要地に拠り戦争するの外無之に評決

まずは必死に防戦することが書かれています。そして、力の限り戦ったうえで、頃合を見て開城して撤退するという方針が示されています。開城が自焼まで意味しているのか、これ

だけでは分かりませんが、撤退は城に拠って戦った後の最後の策であることがわかります。
『小倉戦史』には、軍議以後のことが書かれています。軍議が終わった後、小宮民部、小笠原甲斐、原主殿《とのも》の三将は城内に詰めており、翌朝、それぞれ、城外に巡視に出ました。小宮民部が柳の馬場で休息中に、藩士の上条八兵衛が駆けつけてきて、熊本藩の竹崎律次郎から忠告を受けたことを報告しました。竹崎とは横井小楠の門下生で熊本実学党の逸材です。家老長岡監物は自軍の撤退後も小倉藩を見守るため、竹崎を残留させていたのです。
竹崎律次郎の話した内容を『小倉戦史』は次のように描いています。

昨夜来、評決したる手筈を委《くわ》しく申聞けたるに、御評決至極尤《もっとも》の如く相聞えるも、御決戦の後、御開城相成る時は敗軍の感有り。且つ又退き口甚だ危険なり。敵兵押寄ざる先に御城内御自焼あり直に、御見込の要害の地へ御人数御引上げの外、別に御軍虜も有る間じく、愚臣の述る如く御決行の末、万一御不都合有る場合には、弊藩御引き受け致す。

竹崎律次郎は、軍議の評決は至極もっともに聞こえるが、決戦の後に開城するのは敗軍の印象を与えるので、敵兵が押し寄せてくる前に自焼すべきと説いています。そのうえで、万一うまくいかなかったら、熊本藩が面倒を見ると言っているのです。

これを聞いた小宮民部は「甚だ当を得たり」と自焼を決心しました。民部にすれば、今後、嗣子の保護を頼むべき熊本藩重役の意見を無にするわけにはいかなかったのかもしれません。

小倉城炎上

八月一日の朝、幼君小笠原豊千代丸や忠幹の未亡人貞順院らは城を出て、田川郡に向かいました。その後、秋月街道を通って肥後国に入り、熊本藩の庇護を受けました。

小倉城が燃えたのは八月一日の正午頃といわれています。これが事実なら、小宮民部は、幼君らの退出を見届けてから数時間後には決行したことになります。小宮民部は、全軍田川郡への撤退を決め、自らの屋敷に火を付けるのを合図に城内各所で火を放つように手配をしました。しかし、突然の方針変更です。決死の覚悟でそれぞれの持場にいる藩士たちに自焼の連絡がどのくらい届いたかは分かりません。中には、炎が上がるのを見て、初めて事態を知った者もいたでしょう。東台場を守備していた島村志津摩への連絡も遅れたようで、志津摩は撤退の殿《しんがり》を務めました。

藩士でさえ混乱の内に撤退したのですから、何も知らされていない町人たちの混乱は想像

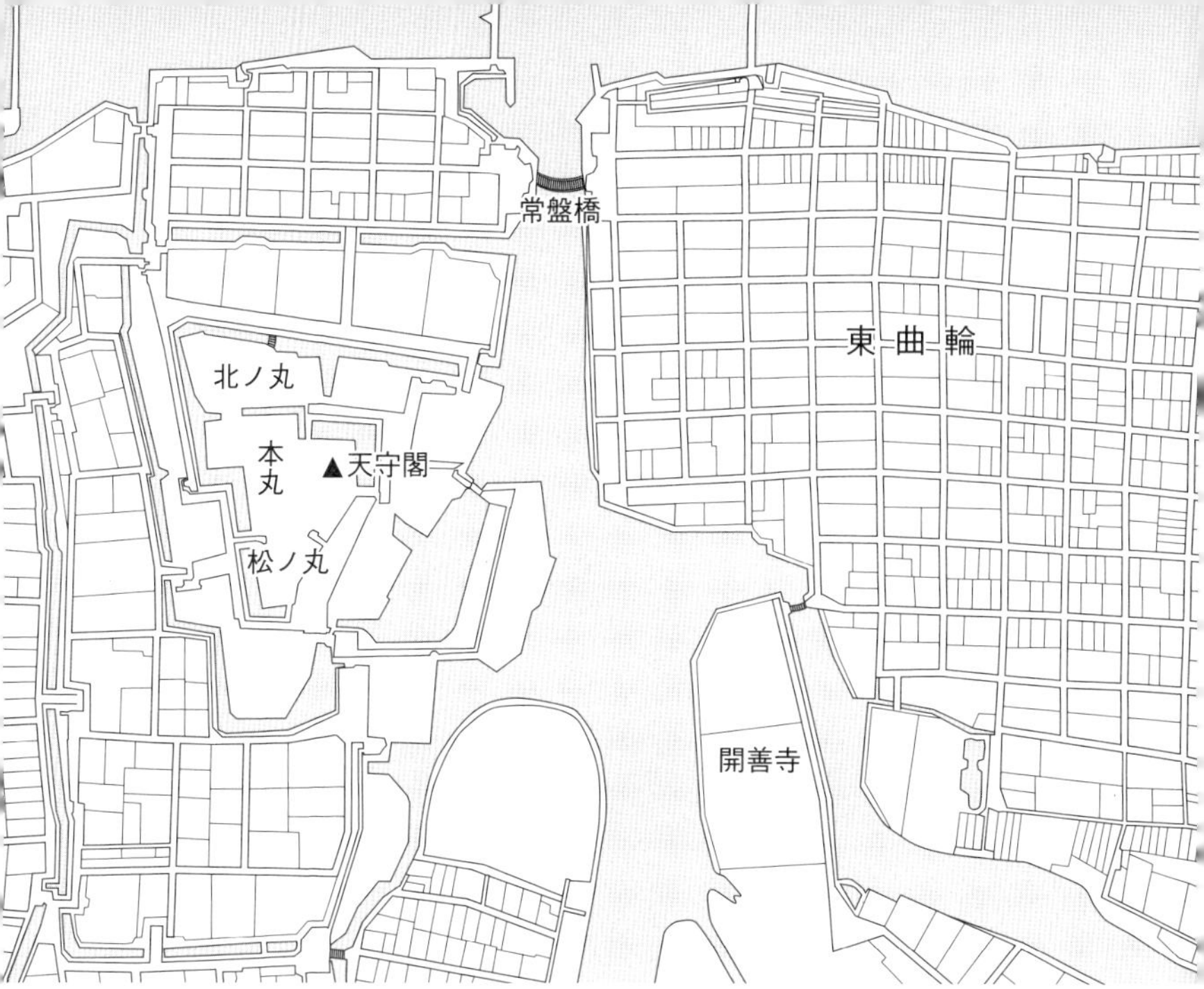

幕末頃の小倉城付近図（小倉城観光株式会社作成図を加工）

を絶します。城から立ち上る黒煙を見て、着の身着のまま逃げ出す人々の恐怖と怒りが渦巻いていたことでしょう。藩士や町人の激しい恨みが、後に小宮民部を悲劇の最期に導きます。

第十二話で紹介したように、中村平左衛門は筆まめで、ほとんど欠かすことなく日記を書いています。しかし、その日記も慶応二年七月晦日で終わっています。八月一日がいかに大変な日であったかを、書かれなかった日記が物語っています。

ところで、城が燃えるということは天守閣が焼け落ちることを想像すると思いますが、実際にはこのとき、小倉城に天守閣はありませんでした。天保八年（一八三七）に不審火により燃えていたのです。当時は小笠原忠固の時世です。第十話のように忠固の大老就官運動で藩は極度の財政難に陥っており、天守閣再建に回す資金はなく、放置されていたのでした。

小倉藩士の多くは香春街道を落ち、金辺《きべ》峠を越えて田川郡香春《かわら》に逃げました。

小宮民部は香春の御茶屋に仮の藩庁を置き、八月三日、軍議を開きました。そこで民部は、いったん肥後に退避し、熊本藩の仲介で事後処理をすべきとの案を出します。熊本藩の竹崎律次郎と何らかの約束事があったのでしょうか。

撤退案に島村志津摩が真っ向から反対し、戦いの継続を唱えました。結局、志津摩の主戦論が通り、金辺峠と、京都郡境の狸山《たぬきやま》峠に分かれて、長州軍を迎え撃つことになりました。島村志津摩が金辺峠、小宮民部が狸山峠を指揮することが決まりました。本来なら、仮藩庁がある香春を守る金辺峠こそ、総大将であるべき民部が指揮すべきでしょうが、城を焼いたためか、和議を唱えたためか、志津摩と政治的立場が逆転したのでした。

さて、多くの歴史書や小説は小倉藩が小倉城を焼いて逃げたところで終わっています。そこには、そのまま降伏したようなニュアンスが隠れています。

しかし、小倉藩は徹底抗戦を選択します。今では知る人も少ない、歴史の闇に葬られた小倉藩の逆襲がこれから始まるのです。

■第二十話

平次郎、百姓一揆を首謀する。

慶応二年（一八六六）八月一日。小倉藩が自ら城を焼いて撤退するという、小倉藩政史上、最大の激震が走った日ですが、この日はそれだけではありませんでした。小倉藩領で大規模な百姓一揆が起こったのです。まさに、小倉藩にとって最も長い一日でした。

幕末の物語のほとんどは、武士の視点で描かれていますが、今回は、小倉戦争勃発から百姓一揆まで、「百姓」目線で追ってみます。ちなみにここで言う「百姓」とは単に農民という意味ではなく、城下ではない農村部に住んでいる人たちという意味です。

逃げ帰る百姓

戦争が起こると弱い者にしわ寄せがいくのは、古今東西、変わりのないことでしょう。小倉戦争でも、小倉藩領の農民は大変な目にあわされました。

まず、村々から人足が駆り出されます。働き手が戦場に行くことになるため、農村は人手不足になります。そこに、軍事物資の供出が求められました。草鞋《わらじ》、縄、莚《むしろ》などを大量に作らなければなりません。草や薪の採集も求められています。

さらに、「譜代召し抱え」という厄介な制度ができました。

第一次長州征討のとき、家老の小宮民部は出陣してきた知行取りの武士が家来を連れていないことに気付きました。小倉藩では百石につき一人の家来（譜代）を召し抱える規定があったのですが、それが実行されていないのです。民部は規定どおりに戻すように譜代召し抱え令を出しました。

しかし、この規定は江戸前期に定められたもので、すでに破綻していました。幕末になると俸禄の一部しか支給されていないのが現状であり、名目上の石高に合わせて家来を持つ余裕がなかったのです。そこで、武士たちは農民を臨時に家来として採用することにしました。

これが、農村の疲弊に追い討ちをかけることになります。農兵が苗字帯刀を許されても農民身分だったのに対し、譜代の身分は歴とした武士です。また、農兵が自弁だったのに対し、譜代には給金が支給されますし、訓練などを行う以外は農村の自宅で農業に従事してもよい制度でした。このため、譜代に召し抱えられた者は武士を気取って庄屋の命令を聞かなくなりました。農村は秩序が瓦解し、混乱しました。

そして、ついに戦争が始まります。

田野浦の戦いが起きた六月十七日、仲津郡国作《こくさく》手永大庄屋の森昇右衛門は当日の日記に次のように書いています。（読みやすくするため、一部改変しています）

今暁七ツ時分、田野浦御宿陣所へ長州兵船より不意に大砲打掛、御出張の御先陣、島村様始め、原様、織衛様長兵と暫く合戦有之よし（中略）人足之分は残らず遁去《にげさり》候、帰り候ものは途中より止戻候、帰り付候ものは直様翌日又々時繰出候

前半は戦争の状況がリアルタイムで正確に書かれていることに驚きます。その理由は、後半にあります。人足が残らず逃げ帰ってきたのです。帰り着いた者を翌日、再び送り返すというのです。考えてみれば、農民は兵農分離で武器を取り上げられ、太平の世に専ら農地を耕してきたのですから、恐怖のあまり逃げ出すのは至極当然のことですよね。

人足を直接送り出した庄屋の場合はより深刻です。京都郡新津《あらつ》手永集《あつまり》村の庄屋、岡崎伝左衛門は六月十八日の日記に、「昨日帰り候人足又々御繰出に相成候に付、（中略）村方寄合」と書いています。庄屋になると人足と面識があります。恐怖から戦場を逃げてきた農民に、村の幹部が説得して、もう一度戦場に戻れというのですから、残酷な話です。庄屋の苦悩が生々しく伝わってきますね。

小倉藩にとっての誤算は人足だけではありません。多くの武士自体が使い物にならないことが分かってきたのです。武士といっても、太平の世が続き、戦闘経験があるはずもありません。武士の秩序や名誉が戦闘の役に立たないどころか、支障になることが分かってきたのです。

しかし、敵が攻めてくる以上、戦わなければなりません。なりふりかまっていられなくなりました。

『国作手永大庄屋日記』によると、小倉藩は大里の戦いの後、七月五日付で次のような通達を出しています。

形勢誠に切迫に付思召有之、手永村々兼て勇気喧嘩《けんか》等相好《あいこのみ》一命をも不顧《かえりみらざる》位之者、平常にては村方人別にても持余《もてあまし》候、同様之人物有之候はば可申出、御組之場々御召仕当分壱人扶持にて御抱《おかかえ》被成《なされ》候との事に候

つまり、村で持て余している喧嘩好きで命知らずの乱暴者を召し抱えよというのです。奇兵隊のように「志」を求めることまではしませんが、戦闘能力の高い乱暴者を集めるということでは同じことかもしれません。

さらに、七月十日の日記には、「沓尾村の平次郎此度出牢被仰付《おおせつけられ》、御郡代様召抱に相成申候」とあります。ついに、罪を犯して服役中の者を牢から出して郡代が召し抱えるということになったのです。

この平次郎の名前を憶えていてくださいね。後に、もう一度、出てきますので。

苅田村から始まった一揆

さて、小倉城が燃えた八月一日、領内で百姓一揆が起きます。最初に始まったのが京都郡苅田村です。第九話で菱屋平七が宿泊した村ですね。

苅田村一揆の頭は力士の稲荷山甚五郎《いなりやまじんごろう》だと伝えられています。広瀬正美知は「一揆と稲荷山甚五郎」(『郷土誌かんだ』)で、故老が伝える甚五郎のプロフィールとして「職業は桶屋、非常にすぐれた体格の持ち主で、身長は約六尺〔約一八〇センチ〕、体重は三十貫〔約一一〇キロ〕位であった。たいへんな力持だったので、宮相撲では大関で苅田の若者達に相撲を教えていた」と記録しています。

一揆勢は新津手永大庄屋宅に押しかけ、打ち壊し、火を放ちました。さらに、同郡の久保手永大庄屋、黒田手永大庄屋をも襲いました。

苅田村は狸山峠に近く、この日、峠を越えて城下から逃げてくる藩士や民衆と、一揆で走り回る農民が錯綜して収拾のつかない大混乱に陥ったことは想像に難くありません。

翌二日になると、行事村の正八《しょう》幡神社に集結し、年貢の基準となる「水帳」を焼き捨てることを目標とする方針を決めるなど、一定の組織化が見られました。同郡延永手永大庄屋を襲った後、二手に分かれ、京都郡全体の庄屋や富裕層に襲いかかりました。

さらに一揆は南下し、隣接する仲津郡から築城郡、上毛郡にまで広がっていきました。総数は五千人に達したともいわれています。

一揆に参加した上毛郡岸井村の釘丸寅吉という男が、後日、次のように語っています（『福岡県史資料』より引用）。

其時少年であったけれど「一軒から一人ずつ行かねば、其家は火を付けて焼くぞ」というので一揆に加わった。丁度此時は各家に松明一本と竹槍一本ずつ用意して長州勢に備えて居たこととて、山の鉦をたたいたら立所に集まる。其の時の持物は松明、竹槍、又は槍刀、手斧、鉈《なた》、鎌、山の鉦、太鼓、法螺貝、金盥《たらい》等であった。庄屋のうちは皆逃げ隠れて仕舞って内には家人一人も居らぬ。酒屋では酒桶の輪を斧で打切りドンドン酒を出す。大庄屋や庄屋の取立帳やら其の他の記録を此騒動に乗じて悪徒共取り出して焼いて仕舞った。

長州軍の来襲に備えて竹槍を用意していたと書いていますから、農民たちの恐怖感は極限にあったと思われます。この一揆がなぜ起きたのか定かではありませんが、小倉城自焼の報せが農民の心理に何らかの影響を与えたと考えるのが妥当でしょう。当時の農民は人足の徴発、戦用物資の徴収で疲労が極限に達しており、張り詰めた緊張の糸が小倉城の炎で切れたのかもしれません。

この百姓一揆の特徴を宮崎克則氏は『九州の一揆・打ちこわし』の中で次のように分析しています。

①京都郡における打ちこわし勢の行動は、いくつかの部隊に分かれて移動しながら、決して郡域を越えていない。

②行事川の河口には藩の米蔵や備荒用の「社倉蔵」があったが、打ちこわし勢はそれらに手をつけていない。つまり、打ちこわしは単に飢えた民衆の暴動ではないのである。

③検地帳など年貢関係帳簿を焼くという行為は、年貢・夫役の納入拒否を意味するだけでなく、領主を領主として認めない、領主―百姓の関係を破棄する行為としてとらえることができよう。「水帳」(検地帳)の焼却は他地域の打ちこわしでも見られるが、それは幕

府が崩壊した慶応四年以降に特徴的であり、小倉藩の場合は長州戦争による落城が慶応二年であったことから、より早い段階で現出することになったと考えられる。

一揆は小倉藩兵により数日で鎮圧され、首謀者は処刑されました。八月七日付の『国作手永大庄屋日記』には「沓尾村平次郎首級之義は今井辺へ両三日晒」と書かれています。沓尾村の平次郎が処刑され、その首は今井村で三日間晒《さら》されたというのです。

沓尾村の平次郎。覚えておいででしょうか。郡代が牢から出して召し抱えた男です。郡代の家来となった男がなぜか百姓一揆の首謀者となっていたのです。ただの乱暴者だった男が、わずか一月の間に戦争と一揆を体験したのです。平次郎にとって、牢につながれたままだったほうがよかったのかどうかは、永遠の謎でしょうね。

一方、苅田村の稲荷山甚五郎は命拾いしたようです。前出の釘丸寅吉の談話の中に、「力士の稲荷山甚五郎が一揆の頭取にとられて、行事の餡屋の庭にて斬首台に上った。其の時、表〔藩のこと〕の御家老〔実際には中老〕、島村様が助けた」とあります。当時、島村志津摩は金辺峠で戦闘の真っ最中ですから、事実だとは考えにくく、むしろ小宮民部である可能性が高いのですが、島村志津摩人気が影響しているのでしょうか。

苅田町内の旧中津街道沿いに稲荷山甚五郎の墓があります。甚五郎の死後の明治十一年

（一八七八）に、弟子の相撲取りらによって建立されたと伝えられています。
平次郎の墓は定かではありません。

■第二十一話

島村志津摩、ゲリラ戦を展開する。

峠という漢字は日本で作られたそうですね。山偏に上と下ですから、山嶺《さんれい》が複雑で細かく上下する日本独特の地形を見事に表現した漢字です。広い中国大陸では必要のない言葉だったのでしょう。

「とうげ」の起源には諸説ありますが、その一つが手向《たむけ》説です。「たむけ」が「たうげ」に変化したもので、旅人が旅の安全を願って道祖神に手向けたことに始まるというのです。

小倉藩史の峠を迎えたのは、文字通り、二つの峠でした。金辺《きべ》峠と狸山《たぬきやま》峠。小倉城を焼いて退却した小倉藩は、二つの峠を防衛拠点と定めました。島村志津摩が金辺峠に拠り、小宮民部が狸山峠を守りました。

様々な確執のあった両雄が別々の現場にいながら、心を一つにしていく物語です。

金辺峠からの逆襲

金辺峠。

香春街道にある企救郡と田川郡を分ける標高二一七メートルの峠です。今では、国道322号の脇を走る、通る人もまばらな草深い小路です。

慶応二年（一八六六）八月二日、高杉晋作や山県狂介らが小倉城下に入りました。高杉は病が重くなって下関に戻りますので、山県の指揮で長州軍が進駐し、城下に本陣を置くとともに、高田梅三郎率いる一隊が企救郡の北方《きたがた》新町まで兵を進めました。

金辺峠を固めた島村志津摩は、敵が北方新町まで進出していることを斥候から聞くと、夜襲をかけることを決めました。備《そなえ》を再構築する時間はありません。藩士から志願者を募りました。また、田川郡筋奉行の大森治左衛門に指示して、郡内の農兵からも希望者を募りました。合わせて二百人が集まり、兵を三隊に分け、小笠原熊勝、小笠原八左衛門、矢島矢柄を隊長に指名しました。参謀には尾形円助を当てました。身分を超えて希望者が集まった部隊です。遅ればせながら、小倉藩にも奇兵隊のような集団が誕生したのでした。

八月七日、島村志津摩は兵を率いて金辺峠を下り、呼野《よぶの》村に本陣を置きました。三隊が別々の道を選んで北方新町へ進み、長州軍陣地を襲撃しました。長州軍はあまりにも早い逆襲に慌てふためき、足立山方面へ遁走しました。

山県狂介は、布陣してからわずか一週間足らずで小倉軍の奇襲を受けたことに衝撃を受けました。翌八月八日、本営を足立山中腹の福聚寺《ふくじゅじ》に移しました。足立山から南を見下ろすと、中津街道が狸山峠を越え、京都郡に続いています。西は香春街道が福智山と貫山《ぬきさん》の間、金辺峠に吸い込まれています。北は小倉城下に続く平野が広がっています。

長州藩は小倉城下、黒原《くろばる》村、湯川村などに兵を配置しました。昨日、北方新町が襲われたため、高坊《たかぼう》山などに台場を築いて、金辺峠からの奇襲に備えました。

島村志津摩の奇襲成功は香春にいた兵士たちの士気を高め、続々と志願兵が集まってきました。さらに、砲術家の門田栄も参加し、七十余人の砲術隊を組織しました。

島村志津摩は高津尾村へ陣を進め、東谷《ひがしたに》村、志井《しい》村に台場の築造を命じました。昼夜を問わず工事を続け、十五日の朝に概ね完成しました。

八月十六日暁、山県狂介は久我四郎、能美平五郎、三好六郎、野村三千蔵、鳥尾小弥太らを引き連れ、足立山を下って香春街道を進みました。山県は徳力村で行進を止め、陣を敷きました。そこに、砲弾が打ち込まれました。小倉藩の小銃隊が迫り、激しい銃撃戦となりました。次第に長州軍が押され、山県は退却を指示しました。

翌日早朝、長州軍は兵を入れ替え、温野謙太郎、田中隼人の銃隊に、神田撰太郎率いる大砲隊が再び進軍しました。

この日は長州軍が優勢でした。小倉軍は交替の兵がおらず、疲労がたまり、押されていきます。長州軍は守恒《もりつね》村まで攻め、民家に放火して勝鬨《かちどき》を上げ、陣地へ退却しました。

その後は、高津尾村付近などで小競り合いがある程度で、一進一退が続きました。

島村志津摩は八月二十八日を期して、総攻撃をかけることを決めました。小宮民部の陣に伝令を走らせ、足立山の本陣や曽根方面の敵を狸山峠から牽制して、引き付けてもらうことを依頼しました。

島村志津摩は軍を二隊に分け、一隊は徳力村から城野新町に進出、片野村を守る長州軍を襲いました。もう一隊は志井村から蜷田《になた》村を経て、湯川村に布陣の長州軍を攻撃しました。しかし、いずれの長州軍も敢然と立ち向かってきました。小倉軍が強くなったことに衝撃を受けた山県狂介は守りを固め、檄《げき》を飛ばして藩士の士気を高めていました。進撃を阻まれた島村軍は高津尾村まで退かざるを得ませんでした。

その後、一進一退が続きましたが、島村志津摩には何としても小倉城下に入りたいという思いがありました。八月一日、城の突然の炎上により、重要書類を持ち出す暇がなく、本丸の隅に隠していたのです。それをどうしても取り戻したかったのです。

小倉城下の守備が手薄になっているという斥候の報せを受け、島村志津摩は小倉城下突入を決意しました。九月九日未明、三々五々、高津尾村を出発した兵士たちは一旦蒲生《がもう》村に集結後、再び分散して、清水《きよみず》山に集まりました。兵を二手に分け、島村志津摩隊は筑前口門を、深谷小太郎隊が篠崎口門を襲いました。小倉城下の警備は薄く、城内に突入して、隠していた書類や物品を運び出すことができました。

足立山で知らせを受けた山県狂介は驚愕しました。城下を攻められるなど、全く想定外のことです。これほどの恥はありません。兵を率いて城下に駆けつけましたが、小倉軍は引き揚げたあとでした。

山県狂介の屈辱は、後、小倉藩への高評価と変わります。明治になって書かれた『懐旧記事』(『小倉藩家老 島村志津摩』の読み下し文を引用)で小倉藩について次のように述べています。

その忠節を幕府に尽くすに至りては、当時ただ一の小倉あるのみ。その城塁はすでに焼かれ、その領地は侵害せられたるも、なお死力を尽くして塁世の幕恩に報い、勢い尽き計窮して以てここに至れること、実に義を重んじる挙動なりと謂うべし。他日、徳川幕府のために史を修むる者あらば、これを大書特筆して可なり。

『懐旧記事』は明治三十一年（一八九八）に書かれていますので、明治九年（一八七六）に死んだ島村志津摩が読むことはありません。もし、戦った相手に賞賛されていることを知ったら、志津摩はどう感じたでしょうか。

狸山峠を守る小宮民部

一方、狸山峠。

企救郡と京都郡を分ける峠ですが、今では見る影もありません。国道10号線を北九州市小倉南区から京都郡苅田町へと走っても、峠を越えたという実感はまったくありません。国道建設のためにすっかり削り取られているのです。もともと標高四〇メートル程度の微高地でした。往時をしのぶものは何もありません。

狸山防衛のため、小宮民部は渋田見新、中野一学、小笠原織衛を引き連れて京都郡に入りました。百姓一揆の後で、民衆は浮き足だっており、避難した大庄屋や庄屋も戻っておらず、陣地の構築のための人足集めに難航しました。小笠原織衛隊の一部が狸山峠を越え、山林に身を隠して、長州軍の襲撃を警戒しました。

八月十日、長州軍襲来の報がもたらされました。奇兵隊、報国隊などが狸山峠へ進撃してきました。率いるのは梶山峯三郎、内海熊次郎です。長州軍は一気に狸山を抜こうとしましたが、小笠原織衛の兵が左右の樹間から射撃したため、後退しました。追撃した小倉軍と曽根新田で銃撃戦が続きましたが、勝負はつかず、日没とともに双方引き揚げていきました。

長州軍は夜半に小荷駄隊を下曽根村に移し、明け方、三沢東之助が本隊を率い、山内梅三郎が別働隊を組織して、狸山を目指して進発しました。

一方、小倉軍は小宮民部が朽網《くさみ》村に本陣を据えるとともに、渋田見新配下の富永潤之助、友松常助を付近の蛭子《えびす》山に潜伏させて敵を待ち構えました。

長州軍が進撃してきました。富永・友松の隊は山を下り、長州軍の横合いから銃弾を浴びせました。一進一退が続きましたが、長州軍の別働隊が山手を迂回して富永・友松隊の背後に回り、攻めかかりました。

小倉軍は防戦一方となりました。小笠原織衛隊を殿《しんがり》に、京都郡南原《みなみばる》村から仲津郡の大橋村にまで退却しました。長州軍はそのまま追撃態勢に入り、峠を越えて京都郡に乱入、苅田村、浜町村の民家に放火しました。

長州軍は京都郡の中心である行事村まで侵攻するため、さらに追撃をしようとしましたが、背後から砲声が響き、下曽根村方面から黒煙が上がっているのが分かり、踵《きびす》を返して退却しました。

この日、島村志津摩配下の葉山平右衛門、馬場半兵衛らの部隊が下曽根村の長州軍陣地を襲い、小荷駄隊を全滅させて食糧と野砲二門を奪ったのでした。

その後、局地的な小競り合い程度で膠着《こうちゃく》していた戦線が、八月十七日に動きました。長州軍が再び狸山を攻撃してきたのです。長州軍は兵を三つに分け、進んできました。街道を通る本隊は福田俠平《きょうへい》、時山直八が率いる奇兵隊二箇小隊と厚狭《あさ》毛利家一箇小隊です。奇兵隊の一部は山手を迂回、さらに報国隊が曽根の千間土手《せんげんどて》から松山へと進んできました。

長州軍本隊は狸山口を攻めかけましたが、接近しすぎて反撃に遭い、混乱に陥りました。山手の部隊は朽網の奥に入りすぎ、小笠原鬼角の部隊に背後から攻撃される失態を演じました。海側を進んだ報国隊は、舟を用意していた前田重助の部隊に海上から攻撃され、苦戦しました。午後二時頃、長州軍は総崩れとなり退却しました。

小倉藩勝利の報は京都郡や仲津郡を駆けめぐり、八月一日以来、不安に慄《おのの》いていた民衆に歓喜と安堵を与えました。仲津郡稗田村で水哉園《すいさいえん》という塾を主宰する漢詩人の村上仏山《ぶつざん》は、当日の日記に「郡地老若男女勝軍之噂ヲ聞、歓喜舞無限」と書いています。また、同郡国作手永大庄屋の森昇左衛門も「今日之戦争ハ身方言語之勝軍」と記しています。小倉城炎上、百姓一揆、長州軍の襲撃と明日をもしれぬ不安のどん底にいた人々にとって、かすかに希望を感じる日だったのです。

八月二十八日、金辺口の島村志津摩が総攻撃をかけることになり、狸山口の小宮民部は湯川以南の敵を引き付けておくために出動することになりました。何かといがみ合ってきた志津摩と民部が共同して戦うことになったのです。

小宮民部は軍を三手に分けました。民部自らが本陣の兵を率い、中津街道を北上しました。中野一学、小笠原鬼角、小笠原織衛は山手に迂回し、田原村から石田村方面に向かいました。もう一手は海を使いました。小笠原八郎左衛門、平井小左衛門、黒部彦十郎、前田重助らの部隊が松山麓の黒崎の浜から小舟に乗り、対岸の井ノ浦に上陸しました。下吉田の裏山を越えて、本隊と挟み撃ちにする計画でしたが、道に迷って間に合いませんでした。結果的にこの日の作戦は奏功しませんでしたが、島村志津摩隊が片野村まで攻め込むための援護の役割は果たせました。

八月三十日、松山沖に長州軍艦が現れ、苅田村、浜町村を砲撃しました。

九月十二日、上曽根村に陣を張る狸山口の前線部隊と長州軍との間で戦闘が行われましたが、以後は一進一退の攻防が続き、大きな戦闘にはなりませんでした。

ここまでの戦いで、島村志津摩は新設された部隊でゲリラ戦を行ったのに対し、小宮民部は自らが編制した既存の軍制に基づく正攻法にこだわりました。

政敵として確執の多かった二人が、故郷を守るという一点で心を一つにして戦い抜いたのでした。

しかし、この頃が小倉藩の「峠」の頂上であり、その先には下り坂が続いていることに、二人はまだ気付いていなかったでしょう。

■第二十二話

葉山平右衛門、秋田に死す。

幕末、新撰組は有名ですが、新徴《しんちょう》組というのをご存じでしょうか。新撰組が京の治安を守る組織だとすれば、江戸のそれを担ったのが新徴組です。

新撰組のスポンサーは会津藩ですが、新徴組の場合は庄内藩でした。

庄内藩。出羽国田川郡庄内（山形県鶴岡市）を本拠とする十三万八千石の譜代藩で、藩祖は酒井忠勝。徳川四天王のひとり酒井忠次の孫です。

庄内藩と小倉藩。同じ譜代藩ですが、戊辰戦争では不幸な関係に陥ります。

小倉藩、降伏する

幕長戦争は慶応二年（一八六六）九月二日になって休戦になりました。幕府側で休戦を推し進めたのは、八月下旬に徳川宗家を継いで一橋慶喜から徳川慶喜となった男です。

しかし、この徳川慶喜、最初から休戦指向だったわけではありません。むしろ、家督を継いだ直後はやる気満々でした。武力で長州藩を屈服させるという主戦論を唱えており、自ら戦場に出馬する意欲を見せていました。

ところが、出陣寸前になって、小倉口の敗戦の報が届きました。徳川慶喜は掌を返して出馬を取り止めました。朝廷に働きかけ、将軍の死を理由に休戦命令を出させることに成功したのです。

徳川慶喜は長州藩との休戦交渉に当たらせるため、軍艦奉行の勝海舟を広島に派遣しました。海舟はもともと長州征討には反対であり、主戦派であった慶喜に対しては含むものがありましたが、徳川宗家の主となった以上、命令に服するしかありません。

勝海舟は厳島で長州藩代表の広沢兵助（真臣）や井上聞多と交渉し、九月二日、小倉口、芸州口、石州口の各戦線で休戦する協定が成立しました。

ところが、小倉口だけは戦闘が止みませんでした。長州藩は協定を無視して攻撃を続けたのでした。そこには、小倉藩への深い恨みがあり、また、関門海峡の制海権を握るため、企救郡を占領したいという政治的思惑もあったと思われます。

九月十九日、幕府は征長諸藩に撤兵の布告を出し、芸州口、石州口の戦闘が正式に終結しました。このため、両口で戦っていた諸隊が小倉口に応援に駆けつけることになりました。

十月四日、増強された長州軍は蒲生村、守恒村、祇園町村に猛攻をかけ、各地の砲台を奪取しました。翌日には志井村、七日には石田村・徳力村・蒲生村の三方面から高津尾村の小倉軍陣地を猛攻しました。小倉軍は防ぎきれず、金辺峠まで退きました。

十月七日、長州軍は母原《もはら》村から平尾台に突入、占拠しました。平尾台を奪われたことで、金辺峠も狸山峠も背後から攻められる恐れが出て、小倉軍は窮地に陥りました。

小笠原貞正は藩の抵抗に限界を感じ、停戦を模索し始めました。藩士の吉川種次郎を太宰府に派遣しました。太宰府には五卿がおり、その警護のために滞在している熊本藩の秋吉久左衛門に相談に乗ってもらうことにしたのです。吉川の懇願に、秋吉は長州藩との橋渡しを承諾しました。薩摩藩の三雲藤一郎も仲裁を買って出ました。秋吉と三雲は十月九日に太宰府を出立、翌日、香春に着きました。

十月十一日、小倉藩は停戦を申し入れました。藩士の山内武夫が秋吉久左衛門、三雲藤一郎とともに東谷村の長州軍を訪ね、三津田三郎らに停戦の希望を伝えました。薩摩藩、熊本藩が仲裁に入っており、長州藩も交渉を拒否することはできませんでした。長州藩は野村右仲を派遣し、小森村で小倉藩の使者と会見、講和への話し合いが始まりました。

これを受けて、島村志津摩は十月二十一日、金辺峠を退去、小宮民部も翌日、狸山峠の台場を取り崩し、関門を長州軍に引き渡しました。

長州藩は交渉の中で、小倉藩主の世子である豊千代丸の身柄を人質として要求しました。

これに激昂した葉山平右衛門や牧野弥次右衛門ら七十人の藩士が赤心隊を結成して、仲津郡の生立《おいたつ》八幡神社に集結、血判連署をして起請文を神前に供え、徹底抗戦を誓いました。

家老の小笠原織衛は長州藩幹部の前原彦太郎と粘り強く交渉しました。豊千代丸の人質要求に対しては、織衛は藩主忠幹の死去を明かし、人質が不可能な事情を説明しました。どうしてもというなら、国を開いて藩士一同、日田の天領に移ると開き直り、要求を下ろさせました。結局、企救郡を長州藩が預かるという条件で交渉は妥結しました。藩の中心である小倉城下と企救郡を正式に明け渡し、事実上、降伏したのでした。

翌慶応三年（一八六七）一月二十六日、両藩の和議が正式に成立しました。

小倉戦争が終わりました。

しかし、小倉藩士にとって休息はありませんでした。

小倉藩士、奥州に出兵

長州藩との戦いに敗れ、企救郡を失った小倉藩は、香春《かわら》の御茶屋に仮の藩庁を置き、香春藩となりました。厳しい財政難の中、再建に取り組もうとした矢先の慶応四年（一八六八）正月十日、薩長を中心とした新政府から出兵の要請がありました。

香春藩は財政難の中、やっとの思いで兵士の防寒具を掻き集め、送り出しました。

第一陣は平井小左衛門率いる約百人。二月六日に沓尾港を出発し、二月二十三日、大坂に着きました。第二陣は島村志津摩が自ら率いる約三百人で、二回に分けて出港しました。後発組が大坂に入ったのは三月九日です。

香春藩兵は大坂で待機していましたが、なかなか出兵命令が下りません。命令が出て新政府軍に組み込まれないと、滞在費用は藩でもたなければなりません。島村志津摩は「早く命令を下さい」と新政府に願い出るほどでした。

三月十九日になって、ようやく江戸に派遣する命令が出ました。島村志津摩は平井小左衛門を隊長とし、第一陣を中心に隊を編成しました。小隊長には葉山平右衛門、志津野源之丞、沼田藤助、徳永吉太郎、軍監に鎌田英三郎、軍議役に佐々木五郎左衛門を任命しました。

平井隊は三月二十六日、紀州藩、新発田藩とともに京都を出発しました。

大坂に残った部隊には、明治天皇が政務を執る大坂行在所《あんざいしょ》の警備が命じられました。島村志津摩が指揮して、行在所となった西本願寺津村別院（北御堂）の警備を行いました。

閏四月七日、天皇が京都に戻ると、香春藩の役目は終わりました。島村志津摩は鈴木七郎兵衛以下六十人を残して、国に戻りました。

平井小左衛門隊は四月十八日に江戸に到着しました。四月十一日に無血開城されたばかりの江戸城西丸や坂下門の警衛に当たりました。

ひと月後、香春藩に庄内藩追討が命じられました。閏四月二十七日に佐賀藩兵とともにイギリス船で横浜を出航、五月十日、仙台に着きました。盛岡を経て、六月十六日、秋田藩領久保田城下に入りました。秋田藩佐竹氏は奥羽列藩同盟を離脱し、新政府軍の指揮に従っていました。

七月一日、九条道孝奥羽鎮撫総督が秋田に到着、藩校の明徳館に本営を置きました。香春藩以外に庄内討伐軍に参集した藩と責任者は長州藩・桂太郎、薩摩藩・和田五郎左衛門、佐賀藩・福島孫六郎、福岡藩・荒川久太郎、秋田藩・真壁安芸でした。

新政府軍は七月六日、久保田城下を出発し、各藩が交代で先鋒を務めながら進軍、七月十日、院内口の横堀村に到着しました。攻略先を及位《のぞき》峠、銀山口、庄内口の三道に決め、分かれて進撃しました。香春藩は及位峠の本道を進みました。峠を守備する同盟軍と交戦しましたが勝利を得ることはできず、院内口まで退却しました。十三日には、同盟軍に包囲されて窮地に陥った薩摩藩軍を、間道を通って救援しました。

秋田藩の角館《かくのだて》地域の兵が三十人ばかりの敵兵に恐れをなして旗を捨てて退いたため、香春藩士の高木悦蔵が角舘隊を指揮することになりました。いつの間にか香春藩士は戦場に慣れていたのです。角館兵の狼狽は、かつての田野浦の戦いでの自分たちの姿でした。

以後、庄内藩兵の猛攻によって、政府軍は敗戦の連続で、横手まで退却しました。雄物川流域で断続的に戦闘が行われましたが、次第に膠着状態に陥りました。

八月十三日、政府軍は援軍を得て攻勢に出ましたが、反撃され、大曲、神宮寺まで防衛線を下げざるを得ませんでした。この日の戦いで、隊長の志津野源之丞が負傷し、翌日死亡しました。さらに二十五日の戦闘では同じく隊長の葉山平右衛門が戦死しました。

葉山平右衛門は、小倉戦争の終結を受け入れられず、徹底抗戦を訴えた赤心隊の中核メンバーでした。憎むべき長州藩の指示を受け、何の恨みもない庄内藩と戦わされるという、歴史の非情さに苦しんだ末に、見知らぬ土地に屍《しかばね》を晒したのでした。ちなみに、葉山平右衛門の孫はプロレタリア作家の葉山嘉樹です。

新政府は劣勢を立て直すために、京都で救援部隊を編成しました。その中には、香春藩の鈴木七郎兵衛の隊も含まれていました。鈴木隊は八月一日、薩摩藩・佐土原藩とともに兵庫港を出発しましたが、乗った船が風雨のため船隊から離れ、敦賀に上陸を余儀なくされました。陸路越後を目指しましたが、新潟で本隊と合流したときは、すでに大勢が決した後でした。

八月末、米沢藩が降伏して、奥羽越列藩同盟で戦っているのは会津藩と庄内藩だけになりました。

九月七日、新政府から香春藩に追加の出兵要請がありました。
九月八日、元号が慶応から明治に変わり、十月には天皇が江戸城に移りました。
九月十二日、薩摩藩の援軍を得た政府軍は、小杉山から神宮寺の同盟軍に大攻勢をかけ、大勝しました。翌十三日には香春藩兵と長州藩兵が先鋒となり、刈和野に布陣する同盟軍を破りました。

徹底抗戦を続けていた会津藩も九月二十二日、ついに若松城を明け渡し、降伏しました。戦死者は三千人を超えたと伝えられています。

最後に残った庄内藩も九月二十七日に降伏、十月一日、鶴ヶ岡城を開城しました。このとき、新潟から移動した鈴木隊が到着し、接収に参加しています。

十月七日、追加要請を受けて十月二日に門司を出航していた渋田見縫殿助《ぬいのすけ》（新改め）率いる三百五十人が越後新潟に入港しました。しかし、庄内藩の降伏で奥羽はすべて平定されていました。一行は会津に向かい、若松城下の治安維持や各地で発生した百姓一揆の鎮圧に当たりました。十二月に入って若松城で降伏した会津藩士約七百五十人を東京に護送する役目を命じられました。

香春藩士たちは明治二年（一八六九）一月、ようやく香春に戻りました。それは小倉戦争の四か月をはるかに超える一年近い苦衷の旅でした。よく、勝者の薩長、徹底抗戦した敗者の会津がクローズアップされますが、小倉藩は時代の変化に乗り遅れないために、敗者から偽装の勝者となり、ひたすら耐え続けるしかなかったのでした。

さて、降伏後の庄内藩と会津藩の扱われ方は対照的でした。

庄内藩は会津若松、磐城平と転封された後、明治二年七月に献金を条件に庄内復帰が許されました。この比較的軽い処分の背景には西郷隆盛の意向があったといわれ、以後、西郷は庄内地方で敬愛の対象となります。

一方、会津藩を待ち受けた運命は過酷でした。奥羽越列藩同盟に参加した諸藩のうち、唯一、滅藩処分、つまり取り潰されてしまったのでした。後に斗南《となみ》藩が立藩されますが、下北半島の風雪厳しい不毛の地でした。移住した藩士たちは飢えに苦しみました。

明治元年十二月七日、新政府は「容保ノ死一等ヲ宥メ首謀ノ者ヲ誅シ以テ非常ノ寛典ニ処セン」という詔書を出しました。つまり、藩主容保の命を助けたいなら、首謀者を処刑すべきというのです。首謀の臣として指名されたのが田中土佐、神保《じんぼ》内蔵助、萱野《かやの》権兵衛の三家老です。三人というのは、長州藩が禁門の変後に首を差し出した家老の数と同じです。しかし、田中、神保はこの年八月に戦場で自刃しており、生存しているのは萱野権兵衛だけでした。

明治二年五月十八日、萱野は保科正益の江戸屋敷に移され、処刑されます。享年四十。新政府の命令は「斬首」でしたが、保科家では権兵衛の前に扇を置き、それを刀に見たてて、あくまで切腹の形をとったといわれています。

それから、ほぼ二年後、萱野権兵衛の遺児である郡《こおり》長正が、香春藩から名称変更した豊津藩に留学し、謎の切腹をしますが、それは第二十三話で。

■第二十三話

島村志津摩、桜を愛でる。

小倉藩の物語も終わりが近づいてきました。明治になって藩がなくなるのですから、終わるしかありません。ただ、ゴールがどこなのか、が問題です。

第一に考えるのは明治二年（一八六九）一月の版籍奉還です。各藩の殿様が版図《はんと》（領地）と戸籍（領民）を天皇に返還するという趣旨です。しかし、藩はまだなくならないのですね。明治新政府も藩を認めるのです。殿様も知藩事と名前を変えて存続させます。

ここで、奇妙なことが起きました。香春藩が翌明治三年（一八七〇）一月、豊津《とよつ》藩と名称を変えるのです。つまり、豊津藩というのは明治時代になって誕生した藩なのです。

本当に藩がなくなるのは、明治四年（一八七一）七月十四日の廃藩置県です。

今回は藩がなくなるまでの物語です。

豊津藩、誕生

慶応四年（一八六八）閏四月に、明治新政府は旧幕府領を政府直轄の府と県に変えました。例えば、徳川幕府のお膝元であった江戸は当初、江戸府であり、十月から東京府となりました。また、日田の幕府領（天領）は日田県になりました。一方、大名領は「藩」と称することにしました。府藩県三治制といいます。実は、藩というのは江戸時代には公式な制度名ではありませんでした。明治時代になって初めて、正式に「藩」が認知されたのでした。

明治元年十月、新政府は各藩まちまちだった職制を統一し、藩主の下に執政、参政、公議人などを置き、藩議会を設け、藩の行政と藩主の家政を分離することを進めました。また、「門閥にかかわらず努めて公挙により人材を登用すること」を求めています。

香春藩では十二月十五日に家老職を廃止し、執政に島村志津摩、小笠原織衛、小笠原内匠、小笠原甲斐、丸田靫負《ゆきえ》を任じました。このうち、丸田は中老格ではない近習番頭であり、「門閥にかかわらず」を意識した人事だったと思われます。翌年一月には、奥州出兵から戻った平井小左衛門も同じく番頭ながら執政に加わり、人材登用が図られました。

島村志津摩は四月十七日に、病気を理由に常勤を免じられ、「折々出勤」となりました。フレックスタイム制ですね。しかし、それも耐えられなかったのか、十月一日に周囲の反対を押し切って辞職してしまいました。

香春藩の喫緊の課題は藩庁問題でした。香春の御茶屋はあまりにも手狭であり、機能を果たしていませんでした。藩は新しい藩庁の建設に取り掛かることにしました。移転先については家臣の投票で決められました。百十八人の藩士が封書で入札し、四十八票を取った仲津郡錦原《にしきばる》に決定しました。

ただ、この入札のときも、建設するものを「仮御殿」としていることが注目されます。この時点でも、藩士たちは小倉奪還を諦めてはいないのです。

『豊津町史』は錦原に決まった理由を次のように推測しています。

①標高三〇～八〇メートルの台地で、「堅固」とは言えないまでも、要害の地であったこと

②今川、祓川《はらいがわ》の水運が利用でき、沓尾などの港も比較的近いこと

③天保時代に開発が行われ、「町」としての形が、ある程度整っていたこと

藩庁造営工事は十二月二十四日に着工しました。二十四日と二十五日の両日、領内五郡から各百人が動員されました。

明治二年（一八六九）六月、薩長土肥の四藩主が版籍を奉還する形をとり、諸藩もこれにならいました。藩主は、新政府から改めて知藩事に任命されました。豊千代丸改め小笠原忠忱《ただのぶ》

も六月十八日、香春藩知藩事に任命されました。

長州藩は、占領していた企救郡も一緒に朝廷に返還しました。香春藩は新政府に対して企救郡の返還を願い出ましたが実現しませんでした。新政府は香春藩の願いをあざ笑うかのように、企救郡を日田県の管轄にしてしまったのです。

しかし、長州藩は版籍奉還後も企救郡の実質的な支配を続けました。そうした支配への不満が爆発したのか、十一月には企救郡一円で大規模な百姓一揆が起こりました。

十月十七日、藩庁建設工事が竣工しました。香春から藩士の大移動が始まりました。それぞれ藩庁の近くに住居を求めましたが、ほとんどは農家の一室を間借りするのが精一杯というありさまでした。

十一月二十八日、知藩事小笠原忠忱が藩庁に入りました。これに合わせて、新政府が定めた新しい官制に基づいた人事が発表されました。執政が廃止され、全国画一の官職である大参事一名が指名されました。平井小左衛門です。これを機に、淳磨《すみまろ》と名を変えました。

明治三年（一八七〇）一月、香春藩は正式に豊津藩と名を変えました。豊津は豊前国の「豊」と仲津郡の「津」をとった新しい地名で、藩が出直す思いが込められています。

郡長正の切腹

明治四年（一八七一）五月一日、豊津藩の藩校育徳館で悲劇が起こりました。会津出身の郡《こおり》長正という少年が切腹したのでした。

なぜ、会津藩の若者が豊津藩にいたのでしょうか。

その前に、育徳館についてお話ししましょう。小倉戦争の敗戦の痛手から立ち直るために藩が最も力を入れたのが教育でした。明治三年一月十一日に、藩校育徳館が開校しました。かつて小倉にあり、香春に引き継がれた藩校思永館は藩士専用の教育機関だったのに対し、新しい育徳館は藩士・農民の区別なく入学を許可しました。

この育徳館に、会津藩士の子弟六人が留学生として入学してきました。いずれも十代で、最年少だったのが十五歳の郡長正です。藩主の身代わりとして自刃した萱野権兵衛の遺児です。父が罪人となったため萱野姓を名乗ることを赦されず、母方の姓である郡を名乗っていました。

この郡長正がなぜ切腹したのか。通説は次のような顚末《てんまつ》になっています。

郡長正は故郷の母に書いた手紙を落としてしまいます。そこには、「こちらは食べ物が口に合わない」という愚痴が書かれていました。それを拾った豊津藩校の学生に「食客のくせに食物の不満とは何事ぞ」、「武士のくせに食物のことを筆にするとは何事ぞ」と非難されたため、長正は会津藩士の名誉が汚されることを恐れて切腹しました。

真相は分かりません。笹本寅という小説家が『会津士魂』という小説を昭和十六年（一九四一）に出版し、ベストセラーになりました。その中で、郡長正の切腹が扱われています。通説はこの作家の創作が基になっており、真相は藪の中です。

郡長正が切腹したわずか二か月後の七月十四日、新政府は在京の知藩事を集めて廃藩を命じました。藩に替わって、全国に三府と三百二の県が成立しました。いわゆる廃藩置県です。これによって豊津藩はわずか一年半で消滅し、豊津県となりました。

ついに、藩がなくなりました。会津の戦争で地獄を見、父に死なれた少年が異郷の地で孤独に切腹したことは小倉藩（豊津藩）の歴史の最後に重く刻まれた事件でした。

廃藩置県によって、旧藩主は知藩事としての立場を失い、「華族」としての身分を保障される代わりに東京移住が義務付けられました。小笠原忠忱は九月十九日、東京に向かうため豊津を離れました。忠忱は天生田《あもうだ》村の今川河畔に櫓《やぐら》を設置し、その上から、見送りに来た領民に別れの言葉を述べたといいます。その後、沓尾港から軍艦に乗船して、二百四十年続いた「藩領」を離れました。

時代が激しく変わることを誰もが肌で感じていました。田川から見送りに来ていた領民が帰途、徒党を組んで一揆を起こしました。豊津から鎮圧部隊が派遣されましたが、二十一日まで打ちこわしが続きました。「藩主」がいなくなったことで、苦難を強いられた農民たちの緊張の糸が切れたのでしょうか。

十月十四日、豊津県は、明治政府が進めた府県の統廃合により、千束《ちづか》県（旧小倉新田藩領）、中津県、日田県企救郡とともに小倉県となりました。小倉城自焼により企救郡を占領されてから五年ぶりに旧小倉藩領が一つになったのでした。

両雄の最期

話は少し遡りますが、小倉戦争が終わった後の慶応三年（一八六七）五月十四日、藩は小宮民部に対して、隠居謹慎を命じました。その沙汰書には「政事筋不取計《とりはからわず》」という曖昧な表現があるだけで、どういう理由で小宮民部が謹慎させられたのか判然としません。

しかし、翌年四月、藩主一行が肥後から帰国すると、小宮民部の謹慎は解かれました。藩主の帰還を契機に、藩の再建に力を合わせて取り組もうという機運があったのではないでしょうか。

ところが、明治二年（一八六八）十一月二十四日になって、藩は突然、小宮民部に切腹を命じます。なぜ、藩は民部の死を求めたのでしょうか。この時期は豊津に藩庁を建設し、新たに豊津藩を立ち上げようという時期です。

白石壽氏は『小倉藩家老　島村志津摩』の中で切腹の背景を次のように分析しています。

一つには、藩士たちが香春に移ってからの生活の苦しさが、小倉時代の追慕となり、小倉城自焼の責任を追及する家中の声を藩政府が抑えきれなかったこと、二つには、譜代藩として、あくまで幕府に殉じていこうとする民部の姿勢が、長州との講和成立後、朝廷寄りの政策に転換しようとしていた藩の動きと相容れなかったこと。

つまり、藩内部に対してのガス抜きか、長州藩に対する忖度《そんたく》か、ということです。小宮民部の死は新しい時代へ移るために必要なスケープゴートだったのでしょうか。

十一月二十九日、小宮民部は仲津郡木井馬場村の藤河長左衛門の屋敷で自刃しました。介錯は実兄の秋山光隆が務めたといわれています。享年四十七でした。

小宮民部が死んだ日は、小笠原忠枕が豊津の藩庁に入った翌日です。藩士が新しい時代に胸ときめかす中で、民部ひとりが藩の苦衷の歴史を拭い去るように旅立ったのでした。

明治以降、小宮民部は悪役として描かれていきますが、その原因の一つが切腹にあることは間違いないでしょう。しかし、長州藩との確執で小倉藩が最も苦労したときに矢面に立ち、現実的対応で乗り切った能吏であることを否定することはできません。死に赴くときの小宮民部の心情を測る術はありません。

一方、島村志津摩は小宮民部の自刃の直後、京都郡二崎《ふたさき》に隠棲しました。二崎は新津《あらつ》村の枝村で、二先山《ふたさき》を背にした草深い寒村でした。以後、志津摩が再び世に出ることはありませんでした。

長州藩相手にゲリラ戦を展開し、敗戦後も藩の改革に情熱を燃やしていた志津摩の晩年は、民部と対照的に静かなものでした。それは、病の重さ故なのか、時代の急激な変化に拒絶反応を示したのか、あるいは、小宮民部の死に思うところがあったのか、定かではありませんが、二崎の地で余生を送りました。

小宮民部の死から七年間生き続けた島村志津摩は明治九年(一八七六)八月十八日、静かに息を引き取りました。享年四十四でした。

志津摩の屋敷跡は雑草で覆われているばかりです。ただ、傍らに樹齢二百年といわれる一本の山桜が立っています。志津摩も愛《め》でたであろう桜を、地元の人たちは「志津摩桜」と呼んでいます。

■第二十四話

ブラントン、灯台を設計する。

「灯台下暗《もと》し」という諺がありますね。この灯台って、海を照らす灯台だと思っている人が結構いるみたいですが、違います。室内の照明器具、つまり、油皿を乗せ、灯心を立て、火を点《とも》す台のことなのです。「灯台下暗し」という表現は江戸時代にはすでに使われていますが、海を照らす灯台が日本で造られたのは明治になってからです。

明治新政府は開国政策の一つとして、灯台の建設に取り組みましたが、明治五年（一八七二）に企救郡に建設された部埼《へさき》灯台は、九州で現存する最も古い灯台として、今も光を放っています。

火を焚く僧、清虚

部埼灯台を訪ねます。

九州自動車道門司インターチェンジを降りて東に向かうと、白野江《しらのえ》植物公園があり、さらに進んで白野江郵便局前を右折すると、突然、右側に海が開けてきます。この付近を青浜といいます。周防灘の波静かな海面に船舶が浮かんでいます。

少し走ると、部埼灯台用の駐車場が見えてきます。車を降りて、海を見ながら深呼吸。と、視界の端に、白い巨像が見えました。道路脇の岩場に立っている像は、なぜか、道路に背を向けて海に向かっています。手にトーチのようなものを持っています。まるで、自由の女神のようです。

「な、何だ、あの白い像は?」

気になって海岸に降りてみると、岩場に立つ像は一〇メートルはあろうかという大きさです。岩場の黒や海の青に染まらない白が異彩を放っています。波打ち際まで出て振り返ると横顔が見えました。男の顔です。

〝自由のおっさん〟?

謎を残しつつ、駐車場に戻って、山に続く石段を登ります。森を抜けると、白亜の建物が見えてきました。これが部埼灯台です。白い御影石で造られており、半円形の基部の上に円形の灯塔が乗っています。明治五年(一八七二)に造られたままの姿だそうです。百四十年以上経っているとは思えない美しさを放っています。

灯台のすぐ下に四本の柱が立っているオブジェのようなものが見えました。近づいてみると、「僧清虚火焚場跡」と書かれています。説明版には、清虚という僧が海難防止のため、この地で十三年間にわたり火を焚《た》き続けていたことが記されています。清虚の死後も、部埼灯台が建設されるまで村人の手で受け継がれた、とも書き添えられています。

つながりましたね。白い巨像は清虚その人だったのです。海に向かって立っているのも納得です。

僧清虚とは、どんな人だったのでしょうか。地元には次のような物語が伝わっています。

天保七年（一八三六）年、豊後国国東郡出身の僧清虚は船に乗って豊前海を進んでいました。清虚には若い頃、過失とはいえ、友人を殺《あや》めてしまった過去がありました。友の菩提を弔うため、清虚は僧となり、修行に明け暮れてきました。修行の一環で高野山に向かうため、まずは下関を目指していました。

青浜というところに来ると、乗客が一斉に念仏を唱え始めました。話を聞くと、この付近は暗礁が多く、航海の難所で、座礁してしまう船が後を絶ちませんでした。乗客は無事に通り抜けることを祈るしかなかったのです。

難所を克服するには目印となる灯りが必要だ、と思った清虚は、この地に留まって火を焚き続けることを決意しました。

清虚は日中は托鉢をし、一食分の米を残して、すべて薪代に充て、一晩中火を焚き続けました。当初、村人たちは清虚を変人扱いして冷ややかに見ていました。しかし、清虚が雨の日も風の日も、一日一食の生活を守り、一日も休まず火を焚き続ける姿を見て、心が変わっていきました。当初は乞食坊主と呼んでいたのが、いつしか、尊敬を込めて一食《いちじき》坊主と呼ぶようになりました。次第に、火焚きを手伝う人もでてきました。

火焚きは十三年続き、嘉永三年（一八五〇）、清虚は七十四歳で亡くなりました。

しかし、清虚の死後も火が消えることはありませんでした。村人たちによって事業が引き継がれたのです。船を動かす下関の商人からも、感謝を込めた援助が届くようになりました。

部埼灯台を設計

慶応三年（一八六七）八月、一人の男が横浜港に降り立ちました。リチャード・ブラントン。スコットランド生まれの英国人です。できたばかりの明治政府に招かれて、灯台の設計のためにやってきたのです。二十七歳。伊藤博文と同じ年です。

なぜ、明治政府は彼を招いたのでしょうか。この年の一月に、兵庫港が開港になりましたが、それに先立ち、イギリスから部埼・六連《むつれ》島（下関市）、江埼（淡路市）、和田岬（神戸市）、友ヶ島（和歌山市）の五か所に灯台を設置することを要求されました。江埼と和田岬は明石海峡、部埼と六連島は関門海峡、友ヶ島は紀淡海峡にあり、いずれも兵庫港への航路の安全性を確保するために必要だったのです。

明治政府は近代化のため、多くの「お雇い外国人」を招きますが、ブラントンこそその第一号なのです。

ブラントン青年、実は本職は鉄道技師で、灯台の専門家というわけではなかったのですが、異国の海への憧れが強く、猛勉強して日本行を実現させたのでした。

日本に来たブラントンは、十一月から船をチャーターして全国の灯台予定地を視察しました。部埼に来た正確な日にちは分かりませんが、視察を終えて長崎に着いたのが十二月二十四日ですから、その直前だと考えられます。

部埼を訪れたブラントンが青浜の村人から清虚の話を聞いたかどうかは分かりません。しかし、部埼灯台の設置場所が清虚の火焚場の近くになったことは偶然だとは思えません。

ブラントンは日本にいた八年間で、二十六の灯台を設計しています。それは木造、煉瓦造、鉄造、石造と多彩です。何故でしょうか。ブラントンは手記に「利用できる建築資材や労働力」を調べたと書いてあります。つまり、地域の特性に応じて柔軟に設計をしていったのです。

部埼灯台と六連島灯台は石造です。これらはブラントン型といわれるほど、彼のオリジナリティあふれる灯台です。両灯台は双子の灯台といわれるほどよく似ています。明治五年（一八七二）、部埼灯台は六連島灯台とともに完成しました。

ブラントンは仕事一途の人間で、仕事に対する強い自負心と責任感を持っていたといわれています。他の多くのお雇い外国人のように、日本文化に興味を持って観光にいそしむことはなかったようです。そこに清虚と通じる、民衆の安全を第一に考える愚直さを感じますね。二人の魂はどこかで重なり合ったのではないでしょうか。

助左衛門と白洲灯台

小倉藩領にはもう一つ、物語を背負った灯台があります。白洲灯台です。響灘に浮かぶ藍島沖の小島（岩礁）に立っています。部埼灯台が関門海峡の東の玄関口なら、白洲灯台は西の玄関口です。

白洲灯台の建設に取り組んだのは岩松助左衛門です。小倉藩長浜浦の庄屋です。浦とは漁村のことです。五十七歳のとき、藩から「海上御用掛難破船支配役」に任命されました。つまり、難破船を救助する役です。藍島付近には岩礁が多く、死者が出る座礁事故が続いていました。助左衛門は救助するだけでなく、事故防止が必要だと考えました。常用灯の灯籠台を立てることを発案し、文久二年（一八六二）、小倉藩に築立願を提出しました。藩はすぐ許可を出しました。ただし、建設にかかる費用はすべて助左衛門が出すという条件です。当時は幕末の混乱期、小倉藩も灯籠台どころではなかったのでしょう。

岩松助左衛門は全財産を投じる決意をしました。足りない分は募金や借金でまかないました。

しかし、関門海峡で戦争が始まり、工事は遅々として進みませんでした。明治三年（一八七〇）になって、ようやく基礎工事までこぎつけました。

事業は明治政府が引き継ぐことになりました。明治五年になって、政府は白洲灯台の建設工事を始め、十一月に仮点灯しました。しかし、助左衛門はそれを見届けることなく、四月二十五日、死去しました。享年六十九でした。

実はこの白洲灯台もブラントンの設計ではないかといわれています。しかし、部埼灯台とは全く違った和風の木造灯台です。ブラントンは助左衛門の意志を尊重して、和風にしたのではないでしょうか。

白洲灯台は明治六年（一八七三）に完成しましたが、明治三十三年（一九〇〇）に石造りに改築されたため、原型をとどめていません。

小倉城内で、岩松助左衛門が設計した幻の「灯籠台」が復元されています。大手門跡を通って左に行く（右に行くと天守閣）と、木立の奥に二層の瓦屋根の木造の建物があります。お城にあるから櫓《やぐら》かなと思いますが、これが、助左衛門が夢見た「灯台」なのです。

清虚と岩松助左衛門。航海安全のために尽力した二人に共通するのは、何といっても人間愛であり、無私の精神です。そして、思い立ったのが共に六十歳前後であったことも感慨深いですね。第八話の石原宗祐に通じるものがありますね。

二人の崇高な魂はブラントンによって引き継がれました。

さらに、二人の偉業を後世に伝えようと、戦後になって地元の人たちが動きました。

白洲灯台は昭和三十八年（一九六三）に、北九州市誕生を記念して、長浜郷土会が中心になって復元されました。

清虚の像は昭和四十八年（一九七三）、地元有志によって建立、火焚場は平成二十年（二〇〇八）、清虚が火を焚き始めてから百七十年になるのを記念して、門司僧清虚顕彰会が復元しました。

攘夷だ何だと日本人同士が殺し合った幕末に、命を助けるための献身的な行動が小倉藩領であったことを知る人は、もはや多くありません。

しかし、清虚や岩松助左衛門、そしてブラントンが紡いだ光は未来を照らしています。

参考文献

山崎有信『豊前人物志』国書刊行会、一九三九年
徳見光三『長府藩報国隊史』長門地方史料研究所、一九六六年
読売新聞西部本社編『福岡百年』浪速社、一九六七年
山県有朋「懐旧記事」（『幕末維新史料叢書　5』新人物往来社、一九六九年）
『福岡県史資料』福岡県、一九七二年
『鎮西の風雪』陸上自衛隊第四師団服務講習所、一九七三年
清水只夫『関門海峡百話』西日本教育図書、一九七三年
古賀武夫編『中・近世の豊前紀行記』美夜古郷土史学校、一九七六年
佐野経彦『豊国戦記』防長史料出版社、一九七七年
宇都宮泰長『維新の礎――小倉藩と戊辰戦争』鵬和出版、一九七八年
『豊前国仲津郡国作手永大庄屋御用日記』福岡県文化会館、一九七八年
末松謙澄『防長回天史』柏書房、一九八〇年
松島義方・松井清良「豊倉記事」（『豊前叢書　一巻』国書刊行会、一九八一年）
内山円治「小倉戦史」（同前『豊前叢書　一巻』）
城戸淳一『京築文学抄』美夜古郷土史学校、一九八四年
米津三郎「幕末・維新期における小倉藩」（『九州と明治維新　2』国書刊行会、一九八五年

古賀武夫『村上仏山を巡る人々――幕末豊前の農村社会』私家版、一九九〇年
『北九州市史　近世』北九州市、一九九〇年
米津三郎編『読む絵巻 小倉』海鳥社、一九九〇年
劉　寒吉『山河の賦』新人物往来社、一九九〇年
『木下延俊慶長日記』新人物往来社、一九九〇年
『北九州市史　古代・中世』北九州市、一九九二年
『中村平左衛門日記』北九州市立歴史博物館、一九九二年
岡田武彦監修『ふくおか人物誌 2』西日本新聞社、一九九四年
吉永正春『九州戦国合戦記』海鳥社、一九九四年
米津三郎『小倉藩史余滴』海鳥社、一九九五年
『豊津町史　上巻』（旧）豊津町、一九九八年
米原正義編『細川幽斎・忠興のすべて』新人物往来社、二〇〇〇年
『中津街道』豊前の街道をゆく会、二〇〇〇年
吉永正春『九州戦国の武将たち』海鳥社、二〇〇〇年
白石　壽『小倉藩家老 島村志津摩』海鳥社、二〇〇一年
一坂太郎『長州奇兵隊』中公新書、二〇〇二年
魚住孝至『宮本武蔵――日本人の道』ぺりかん社、二〇〇二年
宮崎克則『逃げる百姓、追う大名』中公新書、二〇〇二年
玉江彦太郎『小倉藩の終焉と近代化』西日本新聞社、二〇〇二年

吉永正春『筑前戦国争乱』海鳥社、二〇〇二年
三谷　博『ペリー来航』吉川弘文館、二〇〇三年
福田正秀『宮本武蔵研究論文集』歴研、二〇〇三年
一坂太郎『松蔭と晋作の志』ＫＫベストセラーズ、二〇〇五年
『慶応二年岡崎伝左衛門御用日記』かんだ郷土史研究会、二〇〇五年
山内　譲『瀬戸内の海賊』講談社、二〇〇五年
『村上家文書調査報告書』今治市教育委員会、二〇〇五年
魚住孝至『定本　五輪書』新人物往来社、二〇〇五年
野口武彦『長州戦争』中公新書、二〇〇六年
小西四郎『開国と攘夷』中公文庫、二〇〇六年
井上勝生『幕末・維新』岩波新書、二〇〇六年
『行橋市史　中巻』行橋市、二〇〇六年
長崎街道小倉城下町の会編『城下町小倉の歴史』二〇〇六年
清原芳治『豊前豊後の幕末維新騒乱』大分合同新聞社、二〇〇七年
山本浩樹『西国の戦国合戦』吉川弘文館、二〇〇七年
宮崎克則『九州の一揆・打ちこわし』海鳥社、二〇〇九年
一坂太郎『わが夫坂本龍馬――おりょう聞書き』朝日新聞出版、二〇〇九年
轟　良子『海峡の風』北九州市芸術文化振興財団、二〇〇九年
光成準台『関ヶ原前夜――西軍大名たちの戦い』日本放送出版協会、二〇〇九年

町田明広『攘夷の幕末史』講談社、二〇一〇年
佐藤和夫『水軍の日本史　下巻』原書房、二〇一二年
一坂太郎『山県有朋の奇兵隊戦記』洋泉社、二〇一三年
三宅紹宣『幕長戦争』吉川弘文館、二〇一三年
轟　良子『続海峡の風』北九州市芸術文化振興財団、二〇一三年
黒田基樹『戦国大名』平凡社新書、二〇一四年
佐々木克『幕末史』筑摩書房、二〇一四年
渡邊大門『牢人たちの戦国時代』平凡社新書、二〇一四年
松本健一『佐久間象山』中公文庫、二〇一五年
今福　匡『真田より活躍した男 毛利勝永』宮帯出版社、二〇一六年
福田千鶴『後藤又兵衛』中公新書、二〇一六
小野剛史『豊前国苅田歴史物語』花乱社、二〇一六年
小野剛史『峠を出でて奇兵隊を撃て』幻冬舎　二〇一七年
馬渡博親『ですかばあ北九州　石碑は語る』櫻の森通信社、二〇一七年
山内公二『新京築風土記』幸文堂出版、二〇一七年
＊事典・辞典、図録、紀要などは省略しています。

おわりに

三年前、『豊前国苅田歴史物語』という本を出しました。その名のとおり、豊前国の中の苅田という地域に焦点を当てて、中世から近代までの変化を描きました。定点観測ですね。今回は〝豊前国歴史シリーズ〟第二弾ということで、小倉藩というエリアで考えてみました。観測の範囲を点から面に広げたわけです。

本書の原稿は、同じタイトルのブログを加筆訂正したものです。さらに、ネット（「関門時間旅行」イキザマミュージアム）や小冊子に投稿したものも加えています。ただ、すべての原稿を一緒にして脳内の鍋でグツグツ煮たので、もはや、どれがどれかは分からなくなりましたが……。

ブログを本にした動機は、私の〝紙〟に対するこだわりです。子どもの頃から、紙に印刷された文字を読むことが無上の愉しみであった私は、紙の指ざわり、ページをめくるときの微かな音も含めて、「読書」を楽しんできました。

日本で最初に紙に印刷されたのは、七六四年から七七〇年にかけて印刷された『百万塔陀羅尼』といわれています。これは、印刷された年代が記録に残る印刷物としては世界最古だそうです。それから約千二百五十年です。

しかし、文章表現の世界に、デジタルの波が怒濤の勢いで押しよせてきました。スマホやタブレットで文章を読むことが常識になりつつあります。出版も電子出版が増えてきました。拙著『峠を出でて奇兵隊を撃て』も一部電子出版しました。それはとても便利であり、デジタル社会、ネット社会、そしてＡＩ（人工知能）といったものが、歴史上の大きな画期であることは否定しません。

しかし、私の感情では、表現活動とは紙の書籍として出版することでしか完結しないようです。理屈では説明できない、「紙」がかり状態です。どうしようもありませんね。

もう一つ、私がこだわりたいのが、縦書きということです。日本語は常に縦書きで書かれてきました。横書きが一般化したのは戦後です。今、ネット上の文章は、特別の工夫がない限り、横書きです。当然、私のブログも横書きです。ブログの文章を本にするためには、まず、横書きを縦書きに変えることから始めました。まあ、これは、クリック一つで変わりますが、いろいろと変換や調整が必要になりました。最大のものが数字ですね。ブログはすべて洋数字なので漢数字に直していきました。漢数字は確かに合理的ではありません。今では、ほとんどの新聞も縦書きに洋数字を使っています。最近では、「一つ」を「1つ」と表記する人が多いようですが、これには激しい違和感を覚えます。そのうち、「一期一会」が「1期1会」になってしまうのでしょうか？

ともあれ、『小倉藩の逆襲』が本になりました。本当は二十三話で終わる予定でした。本書の主人公の一人、島村志津摩が息を引き取るところで終わるのが一番、きれいだと思いますよね。

しかし、あえて、二十四話を追加しました。そこに、ブラントンという海の向こうからやって来た英国人を登場させました。

第二十四話には、シリーズ第三弾のプロローグを埋め込んだつもりです。定点観測から面的観測、次は、海、つまり外部からの観測です。豊前国は関門海峡という歴史物語の宝庫に面しています。「海峡から見た豊前国」というテーマで書ければいいなと思っています。

といっても、生来の気紛れ体質のうえ、根性というものをどこかに落としたままの人間です。本当に書くかどうかは定かでありませんが……。

なお、各話に関連する記念碑や、登場人物のお墓などがたくさんありますが、本書はガイドブックではないので、あえて写真掲載は省きました。もし、そういう面に興味がある方がおられれば、企救郡については馬渡博親さん（小倉郷土会）の『ですかばあ北九州　石碑は語る』（櫻の森通信社）、京都郡以南については山内公二さん（美夜古郷土史学校）の『新京築風土記』（幸文堂出版）をご紹介します。いずれも郷土史の大先輩であるお二人が近年上梓された力作です。ご活用いただければ幸いです。

最後に、表紙を描いていただいた絵本作家の原賀いずみさん、出版に関するアドバイスをいただいた光畑浩治さん、企画・構成・校正などに熱心に取り組んでいただいた花乱社の別府大悟さん、宇野道子さんに心より感謝申し上げます。

二〇一九年六月

小野剛史

小野剛史（おの・たけし） 1956年，福岡県京都郡犀川町（現みやこ町）に生まれる。福岡県立豊津高等学校（現育徳館高等学校），熊本大学を卒業。苅田町職員となり，長い間，広報を担当。苅田町合併50周年記念誌『軌跡 かんだの歴史』（2005年）を編集・執筆。著書に『豊前国苅田歴史物語』（花乱社，2016年），『峠を出でて奇兵隊を撃て――幕末小倉藩物語』（幻冬舎，2017年），共著に『京築を歩く』（海鳥社，2005年），『図説 田川・京築の歴史』（郷土出版社，2006年）など。美夜古郷土史学校，かんだ郷土史研究会，苅田山城研究会の会員。

小倉藩《こくらはん》の逆襲《ぎやくしゆう》
豊前国《ぶぜんこく》歴史《れきし》奇譚《きたん》

❖

2019年7月16日　第1刷発行
2020年7月10日　第2刷発行

❖

著　者　小野剛史
発行者　別府大悟
発行所　合同会社花乱社
〒810-0001 福岡市中央区天神5-5-8-5D
電話 092(781)7550　FAX 092(781)7555
印刷・製本　有限会社九州コンピュータ印刷
［定価はカバーに表示］
ISBN978-4-910038-01-8